COLLANA DI POESIA

# Luke Whitington

# Italia Svelata
## un viaggio in poesia

*Traduzione italiana di*

Michelangelo Curtotti

*(EDIZIONE BILINGUE INGLESE-ITALIANO)*

POETRY SERIES

# Luke Whitington

# Italy Unveiled
## A Journey in Poetry

*Translated into Italian by*

Michael Curtotti

*(ENGLISH-ITALIAN PARALLEL EDITION)*

ALDILA PRESS

Published by Aldila Press Pty Ltd, Canberra, 2025.

© 2025 Luke Whitington

All rights reserved. No part of this book may be reproduced, or stored in a retrieval system, or transmitted in any form or by any means, without the express written permission of the copyright owner.

Italian proof reading: Azzurra Cirrincione
Cover design: Michael Curtotti and Julian Canny

Other collections of poetry by Luke Whitington:

*What Light Can Do: New and Collected Poems,* Ginninderra Press, 2022
*Only Fig & Prosciutto: New and Collected Poems,* Ginninderra Press, 2017

Other Aldila Press publications:

Michael Curtotti (ed), *Cinthio's Desdemona: The Story that Inspired Othello,* 2025
Matteo Bandello, *Romeo and Juliet, A New English Translation by Michael Curtotti,* 2024, 2023
Luigi Capuana, *The Dragon, the Witch and the Daughters translated by Michael Curtotti,* Aldila Press, 2023, 2022
Michael Curtotti, *Ten Lives Declaring Human Rights: From Bartolome de Las Casas to Martin Luther King Jr.,* 2023, 2020

# Indice

**PREFAZIONE** ............................................................. i

**PARTE PRIMA**

Espatriato. ............................................................. 3

Antipasto Orazio. ...................................................... 7

Tumulto Cremisi. ....................................................... 9

Verso Itaca. ............................................................ 11

Piazza della Signoria; Piazza dei Signori. ............................. 13

Pini Romani. ........................................................... 17

Dante. ................................................................. 19

Mattinata Fiorentina. .................................................. 23

Rita. [della Scalinata] ................................................ 29

Venere a Roma. ......................................................... 31

Cupole ed Affreschi. ................................................... 35

Le rondini della Piazza San Pietro. .................................... 37

Firenze con grazie a Dante. ............................................ 41

Rita, nuda fra i girasoli. ............................................. 47

Oro autunnale d'Umbria. ................................................ 49

Settembre. ............................................................. 53

A sud di Roma. ......................................................... 55

La Vendemmia. .......................................................... 59

Giocherellare con l'italiano. .......................................... 61

Torte al testo. ........................................................ 65

Venezia, a fine estate. ................................................ 69

# Table of Contents

**PREFACE** — ii

**PART ONE**

| | |
|---|---|
| Expatriate. | 4 |
| Antipasto Orazio. | 8 |
| Crimson Uproar. | 10 |
| Towards Ithaca. | 12 |
| Piazza della Signoria, Piazza of the Lords. | 14 |
| Roman pines. | 18 |
| Dante. | 20 |
| Florence morning. | 24 |
| Rita. [of the staircase] | 30 |
| Venus in Rome. | 32 |
| Domes and frescoes. | 36 |
| The swallows in Saint Peter's Square. | 38 |
| Firenze, with a grazie to Dante. | 42 |
| Rita, naked in the sunflowers. | 48 |
| Umbrian autumnal gold. | 50 |
| September. | 54 |
| South of Rome. | 56 |
| La Vendemmia. | 60 |
| Juggling Italian. | 62 |
| Torte al testo. | 66 |
| Venice, summer ends. | 70 |

## PARTE SECONDA

| | |
|---|---:|
| Bologna. | 75 |
| Firenze, Ognissanti. | 79 |
| Ricordare le rovine. | 85 |
| Il vento autunnale. | 89 |
| Casciana Terme. | 91 |
| Fra due mondi. | 95 |
| Rovine. | 99 |
| Cucire il chiaro della luna. | 103 |
| Settembre nell'Italia Rinascimentale. | 105 |
| Firenze -- Santa Maria del Fiore. | 109 |
| Caffè Garibaldi dell'angolo. | 113 |
| Costanza Bella Contessa. | 119 |
| Firenze e Monga. | 123 |
| Studiare l'italiano. | 127 |
| Giardino di Boboli, impronte di ombre. | 131 |
| Firenze; esilio eterno. | 135 |
| Bomarzo. | 143 |
| Afrodite? | 145 |
| Roma, Ferragosto. | 147 |
| Rita, domani. | 153 |

## PARTE TERZA

| | |
|---|---:|
| Cappuccino e torta di mandorle. | 159 |
| Roma ad Agosto. | 163 |
| Le rondini dentro. | 171 |
| Divertimenti autunnali. | 173 |
| Come gli occhi di Saffo. | 175 |

## PART TWO

| | |
|---|---|
| Bologna. | 76 |
| Florence, the eve of the saints. | 80 |
| Remembering ruins. | 86 |
| Autumn winds. | 90 |
| Casciana Terme. | 92 |
| Between worlds. | 96 |
| Ruins. | 100 |
| Sewing moonlight. | 104 |
| September in Renaissance Italy. | 106 |
| Firenze -- Santa Maria del Fiore | 110 |
| Café Garibaldi on the corner. | 114 |
| Costanza Bella Contessa. | 120 |
| Firenze and Monga. | 124 |
| Studying Italian. | 128 |
| Boboli Gardens, fingerprints of shadow. | 132 |
| Florence; the constant exile. | 136 |
| Bomarzo. | 144 |
| Aphrodite? | 146 |
| Roma, Ferragosto. | 148 |
| Rita, tomorrow. | 154 |

## PART THREE

| | |
|---|---|
| Cappuccino and almond cake. | 160 |
| August in Rome. | 164 |
| Swallows inside. | 172 |
| Autumn frolics. | 174 |
| Like Sappho's eyes. | 176 |

| | |
|---|---|
| Una stanza addormentata. | 179 |
| Lettera ad un'amica, a Firenze. | 181 |
| Una memoria di voci e onde. | 185 |
| Una prospettiva ligure. | 189 |
| Un paesaggio, un cipresso. | 195 |
| Una foglia di platano. | 197 |
| Polgeto, un villaggio dell'Umbria. | 199 |
| Rita. | 205 |
| Un paese collinare dell'Umbria. | 207 |
| Cigni veneziani. | 213 |
| Apprendista di lirica. | 219 |
| Un silenzio. | 221 |
| Uno splendore ferito. | 225 |
| Al sud di Genova. | 229 |
| Loggia della Signoria. | 233 |
| Ravello – a sud di Napoli. | 237 |
| Rita, la cantante. | 241 |
| Roma, agosto a mezzogiorno | 245 |

## PARTE QUARTA

| | |
|---|---|
| Un Busto nella Galleria degli Uffizi. | 251 |
| Sarina a Santo Stefano. | 255 |
| La Carbonara. | 259 |
| Antonio alla finestra. | 261 |
| Chiaroscuro. | 263 |
| Albicocche e kumquat. | 265 |
| La luna, la torre e il manoscritto. | 269 |

| | |
|---|---|
| A room fallen asleep. | 180 |
| Letter to a friend, in Florence. | 182 |
| A memory of voices and waves. | 186 |
| A Ligurian visa. | 190 |
| A landscape, a cypress tree. | 196 |
| A plane tree leaf. | 198 |
| Polgeto, a village of Umbria. | 200 |
| Rita. | 206 |
| An Umbrian hill town. | 208 |
| Venetian swans. | 214 |
| Apprenticed to lyrics. | 220 |
| A silence. | 222 |
| A wounded splendour. | 226 |
| South of Genoa. | 230 |
| The Loggia, Piazza della Signoria. | 234 |
| Ravello – south from Naples. | 238 |
| Rita, the singer. | 242 |
| Roma, an August midday. | 246 |

## PART FOUR

| | |
|---|---|
| A bust in the Uffizi Gallery. | 252 |
| Sarina at Santo Stefano. | 256 |
| La Carbonara. | 260 |
| Antony at the window. | 262 |
| Chiaroscuro. | 264 |
| Apricots and cumquats. | 266 |
| The moon, the tower and the manuscript. | 270 |

| | |
|---|---:|
| Domenica, Casciana Terme. | 277 |
| A Roma di nuovo. | 279 |
| Il bar sul Lungarno. | 283 |
| Roma - un campo di fiori. | 287 |
| Santa Maria in Trastevere. | 291 |
| Trattoria in Trastevere. | 293 |
| Un romano ride cupamente. | 297 |
| Firenze, tuoni sopra Cosimo. | 299 |
| Che può far' la luce. | 303 |
| | |
| Sul Poeta | 309 |
| Sul traduttore | 311 |

| | |
|---|---:|
| Sunday, Casciana Terme. | 278 |
| Back in Rome. | 280 |
| The bar on the Lungarno. | 284 |
| Rome – the field of flowers. | 288 |
| Santa Maria in Trastevere. | 292 |
| Trattoria in Trastevere. | 294 |
| A Roman, laughs darkly. | 298 |
| Firenze, thunder over Cosimo. | 300 |
| What light can do. | 304 |
| | |
| About the Poet | 310 |
| About the Translator | 312 |

# Prefazione

Luke Whitington abita a Sydney, in Australia, ma ha trascorso vent'anni della sua vita in Italia. Questi anni hanno lasciato un senso di mancanza incancellabile nella sua vita. Una mancanza che trova espressione nella sua poesia straordinaria: in questa ritorna più volte alla sua esperienza italiana. La sua poesia, le sue parole, i suoi versi, le sue lettere sono un ponte fra culture.

Da giovane ha scelto, come dicono gli anglofoni "la via meno seguita" o "battuta:" Luke abbandonò una carriera al Ministero degli Affari Esteri australiano per intraprendere gli studi della lingua italiana all'Università di Perugia in Umbria. Le sue avventure continuarono, portandolo a diventare un imprenditore di successo. Lavorò in seguito con soci italiani al restauro di edifici del patrimonio paesaggistico dell'Umbria. Il suo percorso lo ha portato in Irlanda (dove ha cominciato a scrivere, mentre continuava il suo lavoro nel restauro). Infine è tornato in Australia, ma l'Italia non è mai mancata nella sua poesia.

Quando leggiamo le sue strofe, scopriamo un'Italia che trabocca di vita ed amore. Memorie indelebilmente stampate sul suo essere echeggiano nella sua poesia. Luke tesse il quotidiano ed il superlativo dell'Italia, svelando un arazzo bellissimo.

Un amore, a volte centrale, a volte ai margini di un verso, compare più volte.

La sua poesia ha una pubblicazione ampia, inclusa in due volumi contenenti più di duecento opere, pubblicate da Ginninderra Press. I suoi scritti sono comparsi nella stampa australiana ed ha presentato la sua poesia in Italia, Irlanda, Australia e altrove. La rivista *Florentine* ha pubblicato le sue poesie in Italia dove sono state cantate dal soprano Serena Rausa alla Galleria Romanelli a Firenze, mentre le sue poesie su Venere sono state cantate dal Pacific Opera alla Biblioteca Statale di NSW, Sydney.

# Preface

Luke Whitington lives in Sydney, Australia, but twenty years of his life were spent in Italy. Those years have left an indelible longing in his life. A longing expressed in his extraordinary poetry which returns again and again to his experience of Italy. His poetry, its words, its verses, its letters, are a bridge between cultures.

As a young man he chose a path less travelled: leaving a career in the Department of Foreign Affairs and Trade to undertake language studies at the University of Perugia in Umbria. His adventure continued to unfold as he became a successful entrepreneur. Working with Italian partners he restored heritage buildings in the countryside of Umbria. His journey was to take him to Ireland (where he began to write and continued his work on restoring heritage buildings). Eventually he returned to Australia, but Italy has never left his poetry.

As we read his verses, we discover an Italy full of life and love. Memories indelibly impressed in his being, echo in his poetry. He weaves the ordinary and the superlative of Italy, unveiling a beautiful tapestry.

A love, sometimes central, sometimes in the margins of a verse, appears again and again.

His poetry has been widely published, including in two volumes of poetry with over two hundred poems with Ginninderra Press. His writings have appeared in Australian press and has presented his poetry in Italy, Ireland, Australia and internationally. The *Florentine* magazine in Italy has also published his poetry. The soprano Serena Rausa sang his poetry at the Romanelli Gallery in Florence, Italy, and the Pacific Opera sang his Venus poems at the State Library of NSW in Sydney.

## PREFAZIONE

Ivan Head, che ha recensito il suo poema *What Light Can Do* (*Che può far' la luce*), la poesia principale di una collezione con lo stesso titolo, osserva:

> "**Che può far' la luce** *coglie l'intensa sovrapposizione di luogo che può esistere in una persona, nel profondo di un anima che viaggia dal margine al centro e che cerca di essere in entrambi i luoghi contemporaneamente. È come se due menti e immaginazioni fossero allo stesso momento in una persona, e sono in qualche modo sintetizzate. Questo è il concetto di fondo del titolo della poesia. È una risposta alla domanda: A quale luogo appartengo, e dov'è il centro autentico della mia identità e del mio mondo?*"[1]

Bernard Hardy scrive:

> "*Memoria per Luke è il continuo esistenziale della sua vita. A volte è come Proust nella sua resurrezione di tempo sperduto, a volte riporta alla mente la ricerca di Cavafy per la sua Itaca ... Le sue poesie sono fantasmi di passati che si intrecciano nel suo contesto concreto di figurazione, in contrasto con statue di pietra classica o un gabbiano da Ostia che vola, visto da nessuno, su una piazza vuota ...*"

Anche Mark O'Connor, poeta celebre e premiato con la Medaglia dell'Ordine d'Australia per i suoi servizi alla letteratura loda la poesia di Luke:

> *Questo è un poeta che conosce la storia e l'arte, e sente profondamente sia la freschezza della gioventù che la nostalgia dell'età, lamentandosi dei genitori e degli amanti perduti. La sua Italia ha il sapore di Orazio e Brodsky, le sue immagini sono ricche e profonde ... Un poeta pieno di doti ...*"

---

[1] Ivan Head, Light and Living Water: What Light Can Do New and Collected Poems by Luke Whitington, Quadrant May 2023, pp 88-91.

# PREFACE

Ivan Head, reviewing his poem *What Light Can Do*, (the feature poem of his collection of the same name), observed:

*"**What Light Can Do** captures the intense overlap of places that can exist in one person, in the depths of one person who journeys from edge to centre and seeks to be in both places at once. It is as if two minds and imaginations run at the same time in one person, and are in some sense synthesised. That is the essence of the title poem. It is an answer to the question: where do I belong, and where is the real centre of my identity and my world?"*[2]

Bernard Hardy writes:

*"Memory for Luke Whitington is his life's existential continuum. At times he is Proustian in his resurrection of lost time, at other times he brings to mind Cavafy's search for his Ithaca ... His poems are haunted by pasts as they weave in and out of his contexts of fleshed-out figuration contrasted with classical stone statuary or a seagull from Ostia ghosting a dark, empty town square ..."*

Mark O'Connor, himself a celebrated poet and recipient of a 2024 Medal of the Order of Australia for services to literature also praises Luke's poetry:

*This is a poet who knows history and art, and feels intensely both youth's freshness and the nostalgia's of age, lamenting lost parents and lovers. His Italy is flavoured by Horace and Brodsky; and his imagery is rich and deep ... A poet of luxuriant talent ..."*

---

[2] Ivan Head, Light and Living Water: What Light Can Do New and Collected Poems by Luke Whitington, Quadrant May 2023, pp 88-91

## PREFAZIONE

Paolo Totaro, un poeta Italo-Australiano con decenni di servizio nella sfera pubblica australiana rimane stupito dal volume e dalla qualità della poesia di Luke:

> "... *una vita giustificata ... da una produzione poetica dalle notevoli e reali qualità e fascino ... [uno] scrittore brillante.*"

Ho conosciuto Luke quando un altro scrittore australiano, Theodore Ell, ci ha presentati. Luke stava cercando un traduttore e Theodore mi ha contattato, pensando che potessi essere interessato. Aveva ragione.

Anche se di solito traduco dall'italiano all'inglese, la poesia di Luke mi ha catturato immediatamente. In un certo senso i percorsi delle nostre vite sono molto diversi, (per me l'esperienza viene dall'essere cresciuto come un figlio di migranti in Australia), eppure il suo senso di mancanza dell'Italia era irresistibile.

Condividiamo un senso di esilio, di necessità di volgerci all'Italia nel pensiero, nella memoria; un bisogno di nutrire quelle distanti ma intime e indelebili esperienze del paese. Le rondini dell'Italia, simboli di viaggi migratori e di ritorno, sono un'icona condivisa. Condividiamo anche l'esperienza primaria di vivere in Australia. La connessione trascende le frontiere dei paesi.

Lavorare con Luke a tradurre le sue poesie è stato un piacere. In questa collezione troverai alcune delle sue più notevoli poesie inclusa *Tumulto Cremisi,* che tratta dell'autunno nella campagna italiana; *Signoria*, che concentra la nostra attenzione sul patrimonio edilizio dell'Italia a Firenze; *Le rondini della Piazza San Pietro*, un intima memoria nel cuore d'Italia e tanto di più.

Michelangelo Curtotti, febbraio 2025

## PREFACE

Paolo Totaro Italian-Australian poet with decades of service to Australia in the public sphere is astonished at both the volume and quality of Luke's poetry:

> "... a life justified ... by a poetic product of considerable, true quality and appeal ... [a] constant, brilliant writer."

I came to know Luke, when another Australian writer, Theodore Ell, put us in touch. Luke was looking for a translator and Theodore reached out to me, thinking I might be interested. He was right.

Although I usually translate from Italian into English, Luke's poetry immediately resonated with me. In some senses our life journeys are very different, (for me the experience arises from being a migrant child in Australia), yet his longing for Italy was something that I found irresistible.

We share a sense of exile, of needing to turn to Italy in thought, in memory; of needing to nurture that faraway yet intimate and indelible life experience. Italy's swallows, symbols of migratory journeys of return, are a shared icon. We also share a primary experience of life in Australia. The connection is transnational.

Working with Luke on translating his poetry has been a pleasure. In this collection you will find some of his most notable poems including *Crimson Uproar* of Autumn in the Italian countryside, *Signoria* focussing our attention on the built heritage of Italy in Florence, *The Swallows of Peter's Square,* an intimate memory set in the heart of Italy and many many more.

Michael Curtotti, February 2025

# Parte prima

*A JOURNEY IN POETRY*

# Part one

# Espatrio.

Alla deriva, penso, va benissimo
Come frase
Per descrivere questa condizione

Dopo essere passato da un aereo
A un treno, poi a una strana stazione
Tanti anni fa, senza

Essere tornato, circumnavigo
Il mio paese d'origine, questi giorni di ritorno a casa
Alla deriva in un discorso, per modo di dire, squallido

E sognando in più
Di una lingua
Mi alzo barcollante per meglio vedere

Dove i miei vecchi amici si trovano, o
Potrebbero ancora essere, fra i puntini gocciolanti lungo la riva –
Quelli che conoscevo in un'altra vita

Il loro sguardo interrogativo sulla
Mia faccia oggi – definiscono poco
Più del ragazzo che una volta conoscevano

Che se ne è andato, che è svanito del tutto un bel giorno.
I festoni dalle ringhiere sulla costa
Cadono nell'acqua

# Expatriate.

Adrift, I think, is as good
A word as any
To describe this condition

After stepping from an aeroplane
To a train, then to a strange station
So many years ago, and not

Coming back, I circumnavigate
My original country, these homecoming days
Drifting in a dingy, so to speak, speaking

And dreaming in more
Than one tongue
Standing up unsteadily to see better

Where my old friends were, or
Might be still, amongst dots trickling along the shore --
The ones I knew in a life before

Whose quizzical gaze back into
My face today - defines little
More than the boy they once recalled

Who went away, vanished altogether on a certain day.
The streamers from railings to shore
Falling into the water

## LUKE WHITINGTON, ITALY UNVEILED

La spinta della nave che vira per puntare altrove
Le facce incorniciate, incrociate da saluti
Di braccia e mani, e che rimane di quello

Che ho lasciato in quel lento scivolo allora?
Basta trovare di nuovo una faccia?
Basta riconoscere di nuovo una voce

Basta per scendere da questa piccola barca per dire
Ehi, ehi, sono io, sono tornato! Sono qui di nuovo!
Per un attimo ricorrente di tempo

Rammento muovermi dietro quella faccia di ragazzo
Stupefatto, il mio sguardo su una architrave
Un busto di dio o un timpano antico, la luce seghettata

Da bordi curvi di tegole romane, uno sconosciuto
*lo straniero* – in un attimo di silenzio dorato –
Guardo, assorbito, nelle strane strade d'ocra ombrate

Affamato sempre per qualcosa in più da vedere
In piedi negli inizi e nelle fini;
Due parti di sé stesso, del suo essere, del suo cuore

In pausa nell'inclinazione di una luce diversa
La bilancia di memorie
Che dondolano insieme, il pendolo del tempo
Che oscilla il suo peso, da vecchio a neonato.

## *A JOURNEY IN POETRY*

The thrust of the ship veering to point away
The faces framed, intersected by waving
Arms and hands, and what of that remains

That I left in a slow glide so far behind?
Enough to find a face again?
Enough to recognise a voice once more

Enough to step out of this little boat to say
Hey, hey, its me, I'm back! I'm here again!
For a recurring moment in time

I remember moving behind that boy's face
Amazed, gazing, up at an architrave
A bust of a god or an ancient gable, the light serrated

By curved edges of roman tiles, a stranger
*lo straniero* -- in a moment of gilded silence --
Looking, absorbing, through strange, ochre-shadowed streets

Hungry always for anything more to see
Standing at beginnings and endings;
Two parts of himself, his being, his heart

Paused in the slants of a different light
The balancing of memories
Swaying together, time's pendulum
Shifting momentum, from old to newly made.

# Antipasto Orazio.

Prendi la pagnotta
Prendine un pezzo --
Verserò il vino con mano giudiziosa
Dai, assaggiamo la crosta ed il midollo, la freschezza d'oggi.

Rompilo, prima di alzare il tuo bicchiere col mio --

E facciamo un brindisi al poeta romano
Che, con tutti i suoi dubbi, sapeva
Sempre quando e come cantare le lodi

La virtù di vivere nell'adesso
Prima a piccoli sorsi, poi con gusto, fino a quando
Torna indietro, appena sotto il bordo. Ora prendiamo
Le forchette e i coltelli e cominciamo

A scoprire questa collezione di sapori
Di succulenza e abbondanza
Il senso languido di sublimità
Nel gustare quello che generosamente ci vien dato.

# Antipasto Orazio.

Pick up the little loaf
And tear off the end of it --
I'll pour the wine with a measuring hand
Let's taste the crust and marrow, the freshness of today

Break it before you raise your glass with mine --

And let us toast a Roman poet
Who in all his doubt, always
Knew when and how to praise

The virtue of the living moment -
First sipping it, then relishing it, until
It falls back to just below the rim. Now let's pick
Up our forks and knives and begin

To explore the assortment of flavours
The succulence and abundance
The languid sense of sublimity
In savouring what we are generously given.

# Tumulto cremisi.

Autunno di nuovo
Voci antiche parlano
La memoria vaga in sussurri lontani
Con uno sfondo mormorante
Di foglie sparse e portate dal vento

Lecci calabresi per viali
Roventi di memorie
Un rosso sfrenato sorge dalle fontane
Rami e foglie accesi

Fuoco di una stagione morente nel cielo

Come risate ricordate a colori
Frastuoni senza rumore
Appesi in un tumulto cremisi
Come se ogni albero fosse un poema indomito

Letto da un'amica esiliata altrove
Poesia gettata in silenzio dopo silenzio
Piume come sussurri
Da un'altra realtà
Saluti sospesi nel tempo

Declamazioni, in scoppi di poesia livida
Colori cantati da un'altra dimensione
Silenzio e rossore buttati al cielo --
L'aria trema senza parola alcuna.

# Crimson uproar.

Autumn once more
Old voices speak
Memory drifts in drawn out whispers
With a murmuring background
Of strewn, windblown leaves

The Calabrian oaks along the avenues
Blaze in remembrance
Riotous scarlet floods upwards in fountains
Boughs and leaves flare

A dying season's fire toward the sky

Laughter remembered in colours
Soundless outbursts
Hung in crimson uproar
As if each tree was an untamed poem

Read by a friend exiled somewhere
Silent poem thrown after silent poem
Plumes like messages
From another element
Time suspended salutations

Proclamations, in lurid bursts of verse
Colours sung from another dimension
Silence and redness hurled to the heavens --
The air shudders without one word.

# Verso Itaca.

Isole che sono divorate
Da uno sconfinato, circostante
Spumante mare
Da onde increspate che cadono
In un coro continuo, ruggiti
Che diffondono orli spumosi di acqua sussurrante

Sulla riva, tremolante verso la bruma
Un'isola appesantita da strati//
e strati di blu senza nuvole.
Nel crepuscolo hai nuotato come un battello elegante,//
un essere sinuoso
Scivolante, sul dorso//
verso la luminescenza di una stella
Che ti chiamava, un faro per le tue bracciate –

Ero tentato di tuffarmi
E spingermi e girarmi verso di te, in volo
sott'acqua – ma la visione che avevo
Mi ha colpito, ti guardavo

Nuotare, in slanci, membra dorate
Braccia, cosce, polpacci e tonfi
Fatti d'oro dalla luna
E invece io ero in piedi

E ti guardavo, rapito, e
Ricordavo, ricordavo te allora
In quell'attimo, già diventato ricordo.

## Towards Ithaca.

Islands being consumed
By a boundless, surrounding
Foam-spawning sea
By cresting waves falling
In a continual chorus, roars
Spreading frothy hems of whispering seawater

A shore, wavering onwards away into haze
An island weighted by layers //
and layers of cloudless blue.
At dusk you swam like a slim craft, //
sinuous creature
Sliding over, backstroking //
toward a star's luminescence
Beckoning, a beacon for your lunges–

I was tempted to dive
And thrust and twist up toward you, gliding
Underwater–but the vision below me
Dazzled me, watching you

Moving, in surges, limbs gilded
Arms, thighs, calves and splashes
Made golden by the moon
And I stood and instead

Watched, entranced, and
Remembered, remembering you then
In that moment, already become memory

## Piazza della Signoria; piazza dei signori

Ratto delle Sabine del Giambologna –
Di fuor' misura bellezza – per raccontare tal terrore ...
Simmetria lanciata, una donna

Sospesa, galleggia al di sopra di due uomini
Un triangolo che fa una piroetta; una squadra
Di immortali – balzano in un gioco di pallacanestro

Un attimo di pietra nutrita, che sostiene
Che il marmo è più leggero dell'aria, la sfera più alta
Un frutto dell'immaginazione, una risonanza

Sei chiamato a guardare,  poi in ricordo --
Le sue natiche dondolano sulla spinta d'una
Linea perpendicolare di tendini e muscoli maschili ...

Ogni volta che traversi la piazza, che passi
L'angolo della torre – le pietre salgono come una prua
Spezzando la luce in due, ti piace vedere

Lì la solita colomba, che sfrutta la testa di Cosimo de' Medici
a suo vantaggio, come un belvedere, il Maestro
Del suo destriero e del Rinascimento

Porta una frangia d'escremento secco, noncurante
Incita il suo cavallo avanti per la storia del denaro e dell'arte
E dall'altra parte, nell'ombra della Loggia

*A JOURNEY IN POETRY*

# Piazza della Signoria; the square of the lords.

Giambologna's rape of the Sabine women –
Much too beautiful -- to introduce terror...
The launched symmetry, the woman

Suspended effortlessly above two men
Like a turning threesome; a circling team
Of Immortals -- leaping into basketball.

A moment of nurtured stone, asserting
Marble is lighter than air, the sphere higher up
A figment of imagination, a resonance

You are meant to watch, later in recollection --
While her buttocks sway on the thrust of
A perpendicular line of male sinews and muscles...

Every time you cross the piazza, passing
The corner of the tower - climbing stones like a prow
Cutting the light in half, you like to see

The same pigeon there, using Cosimo Medici's
Head as a lookout, a belvedere, the master
Of his steed and the Renaissance

Wears his fringe of dried excrement, undistractedly
Urging his horse further into the history of money and art.
And across in the shadows of the loggia

## LUKE WHITINGTON, ITALY UNVEILED

Le tre figure balzano ancora
Come una fontana di carne da scoperta pietra gioiosa --
Il marmo ricorrente in una fontana d'estasi

Tre balzi in un attimo, in un ricordo di battito d'ala

## *A JOURNEY IN POETRY*

The three figures continue to leap
Like a fountain of flesh in joyous unfolding stone --
Marble recurring in a fountain of ecstasy

Three leaps at a time in a pigeon's wing beat of memory.

# Pini romani

Alti e più alti
I rami distesi e larghi
Torreggianti sopra il Tevere
Queste sentinelle dei tramonti
Fanno parte di un antico arazzo
Non importa quale stagione o dove

Un tramonto fissato nel tempo
Fermato in volte di rami
Grappoli penzolanti di aghi di pino
Che formano parasole caricati, un albero

Di pazienza nobile e formidabile
Con una forma mitica
Ovunque si trovi, inciso su cieli araldici
Contro l'eternità in cui non dobbiamo più
Credere, la sua ombra cade con fascino
Attraverso le mura di chiunque, forgiata
In attimi mortali - un accenno, una vestigia

Di qualcosa di celestiale - tramonti
Di silenzio e fuoco, le ore arrossate nel cielo
Rami di sentinelle la quiete che si stende per sempre
Verso volanti, arruffati
Eruzioni di tramonti, che mandano
Missive intraducibili ad imperi di cumuli;
Le cupole che passano; prue brunite e curve
Di tempo; cieli di tizzoni sospesi
Che bruciano lentamente, templi alla deriva.

# Roman pines

High and higher
Branches hung wide
Towering over the Tiber
These sentinels of sunsets
Part of an ancient tapestry
No matter what season or wherever

The sunset frozen in time
Pausing through vaults of branches
Pendulous clusters of needles
Forming laden parasols, a tree

Of formidable noble patience
With a legendary shape
Wherever the place, engraved on heraldic skies
Against the Eternity we may no longer
Believe in, its shadow falls enthrallingly
Across anyone's walls, forged in remembered
Mortal moments -a hint, a remnant

Of something heavenly – sunsets
Of silence and fire, time reddened in the sky
Branches of sentinel stillness reaching forever
Onward toward gliding, rumpled
Eruptions of sunsets, sending
Untranslatable messages to cumulus empires;
The passing domes; burnished prows and curves
Of time; skies of suspended embers
And slowly burning, drifting temples.

# Dante.

["L'acqua ch'io prendo già mai non si corse;"]
-- Dante Alighieri

Nella città che amavi
Non si alzavano più gli sguardi
Al rumore degli zoccoli zoccolanti sulle lastre
Per vedere, per caso, il tuo ritorno
Visto che eri diventato l'esiliato eterno
E che ti aveva, si diceva in sussurri, diretto --
Chi sa dove -- per sempre --
Bandito come un brigante comune
Andato per la tua strada, a piccoli galoppi, in piena corsa
E svanendo, nella distanza
In regni romantici silvestri

Nel turbinio del tuo mantello
Volando dietro di te – per bilanciare
Un braccio tirato al largo, come
Una bacchetta, che batte col galoppo
Zoccoli che picchiano al Purgatorio
Addio, buon poeta, cavalcando nella notte avvolgente

Nella piazza silenziosa e bagnata di sole
Del tuo paese natale, sotto la torre alta
Statue di Dei fissate ancora sulle colombe, gli archi e la scultura
Ed i cipressi di un tempo lontano ricordano
Seguendo affianco, pareti sulle strade
Dei tuoi più solitari cammini --

# Dante.

["My course is set for an uncharted sea."]
-- Dante Alighieri.

In the city you loved
They did not look up any more
At sounds of hooves clattering across stone
To watch, by chance, your return
Since you had become the eternal exile
And had, it was whispered, headed –
Who-knows-where-forever --
Banished like a common bandit
Gone on your way, cantering, galloping
And fading, further away
Into romanticised realms of wilderness.

The swirling of the cape
Streaming behind -- to balance
One arm braced wide, like
A baton, beating with the galloping
Hooves pounding into purgatory
Goodbye, good poet, riding into the enveloping night.

In the silent sun-splashed square
Of your home town, under the high tower
Statues of gods still stare at doves, arches, and sculpture
And long ago cypresses remember
Following alongside, lining the roads
Of your loneliest journeys --

## LUKE WHITINGTON, ITALY UNVEILED

Fissando senza fine il cielo che suona una sinfonia
Di ombre di luce e buio vacillante
Fissando al di là un nuovo profondo di silenzio
Un'assenza adamantina, che in fine prevale

Abbiamo declamato, memorizzato per secoli
I versi dell'ultimo interrotto abbraccio, i luoghi
Dove il poeta viveva nascosto
E solitario scriveva – tutto questo mito parlato --
La sua ombra sopra di pagine di parole si sofferma lì
Si allunga altrove in nascondigli di boschi di montagna
E giù per le strade di paesi medievali abbandonati al mezzogiorno.

Nel passato ed ora
Le ombre di passi picchiati tirano avanti
Ed in misurati, piccoli galoppi, ritmi continuati
Di un canto stoico di amore ed esilio
Parole e passi, passi che si alzano, svanendo e tornando
Ritmi di moti e pensieri, ritmi
Di un cavaliere tornante, un cavaliere tornante, //
Risuonano per sempre.

## *A JOURNEY IN POETRY*

Endlessly staring at a sky playing a symphony
Of shades of shifting light and darkness
Staring out at a new depth of silence
A stony absence, that came to prevail.

We have recited, memorised for centuries
The song lines of the last broken embrace, the places
Where the poet lived in hiding
And wrote alone -- all this spoken legend --
His shadow over pages of words lingers there
Lengthening elsewhere in the hide-outs of mountain forests
And down the streets of midday-abandoned medieval towns.

In the past and the present
The shadows of pounding paces move onward
And the measuring, cantering, rhythms go on
Of the stoic song of love and exile
Words and steps, footfalls rising, fading and returning
Rhymes of motion and thought, rhymes
Of a rider returning, a rider returning, //
echoing always.

# Mattinata Fiorentina

Nella mattina miri
Nel caffè
la fretta indistinta della mattina fuori

Un'altra Monna Lisa, prende un sorso dal suo caffè
Bevi con i tuoi occhi
Come lei gusta la sua brioche

Come fosse qualcosa di raro, vincolato
Tra le sue dita
Diventando un gioco imitato
Tra i tuoi bocconi
Tiri pezzi deliziosi da

Lei – quelli che ti piacciono di più, languidamente
Il suo sorriso indeciso
I suoi occhi scuri feroci
La sua divorante bocca

L'impressione di una scrollata ...

[Buongiorno bella ....]

Ma sì. Perché no ...
I tuoi pensieri vagano vicino
Accanto, dietro, i suoi pensieri lontani ...

[Buongiorno, Buongiorno bella!]

# Florence morning.

In the morning you watch
Inside the café
the morning rush a blur outside

Another Mona Lisa, sipping her coffee
Your eyes drink in
The way she savours her brioche

Like something rare, captive
Between her fingers
Becoming a game mimicked
With your mouthfuls
You tear delicious bits of her

Off -- those you like most, languidly
The ambiguous smile
Ferocious dark eyes
Her mouth devouring

The suggestion of a shrug...

[Bongiorno bella....]

Why not, yes why not....
As your thoughts wander close
Along behind her far-away thoughts...

[Bongiorno, oh bellezza bongiorno!]

## LUKE WHITINGTON, ITALY UNVEILED

Hai un'immagine di lei persa nel pensiero
Mentre sbirci seni-sodi
Da una torretta di sottomarino o si affonda
Rosea nella schiuma della sua vasca di marmo

Ma sarebbe lei una menzogna
Fabbricata da te stesso?
Ma che crei veramente?

È meglio che fai subito, l'ultimo boccone
È tra le sue labbra ed ora fra le tue --
Puoi confezionare la menzogna con sufficiente perfezione?

E fare in tempo per innamorarti di lei un'altra volta?
Con quell'ultimo boccone
Quel succulento boccone

[Buongiorno Bella ...]

La divorerai
La possiederai completamente
E con amore rapace, la rifiuterai e la rovinerai

[Buongiorno, mia bella ...]

Si alza e svuota la sua tazza di caffè...
Subito, prima ch'è troppo tardi
Lei è, in questo momento, la vita e la morte

Di tutto ciò che non hai raggiunto, o fatto --
Scava per i soldi nella sua borsa
Li trova -- e un ultimo tocco di tovagliolo di carta

## A JOURNEY IN POETRY

You have an image of her thinking earnestly
While peering pert-breasted
From a submarine turret or sinking
Pinkly into the suds of her marble bath

But is she now a lie
Of your own making?
What are you really fabricating?

Better be quick, the last morsel
Is between her teeth and now yours --
Can you make the lie perfect enough?

Just in time to tumble back into love with her?
With that last morsel
With that succulent mouthful

[Bongiorno Bella ...]

You will devour her
Will utterly possess her
And with rapacious love, reject and ruin her...

[Bongiorno, mia bella...]

She lifts and drains the cappuccino cup...
Quickly before it is too late --
She is now the life and death

Of everything you didn't ever finish, or make --
She ferrets for money in her bag
Finds it -- and one last dab of the paper napkin

## LUKE WHITINGTON, ITALY UNVEILED

Sulle sue labbra inquisitive, lucenti
Finisce il tuo racconto - e la narrativa
Cammina via con tutti i suoi capitoli
Dalla tua prima all'ultima possibilità di riempire
Il dipinto bellissimo .. il tuo Rinascimento

Il tuo romanzo d'amore -- ora fa parte
Di un miraggio che scivola per la porta
Fuori nella piazza, la cattedrale, ora solo
Un gesto sfocato di vita umana sullo sfondo che sorge
Miscuglio di marmo cremisi e verde

[Buongiorno! Buongiorno! Bellissima, bellezza!]

Il marmo crema di Carrara a ghirigori
Puntini lì, in cerchi d'oblio
Il tuo caffè è tiepido, la tua brioche pesante
Papille gustative affogate in pappetta masticata e pentimento
Inghiottito intero - oh così freddo ... oh ... scusami --

[Oh Buongiorno! ... Addio – Bellissima mia!]

## *A JOURNEY IN POETRY*

On her inquisitive, glistening lips
Ends your story - and the narrative
Walks away in all its chapters
From your first and last chance to fill
In the beautiful picture ... your Renaissance...

Of love and romance -- now a part
Of a gliding mirage through a door
Gone out into the piazza, the cathedral, now only
One blurred flourish of human life against the rising
Jumble of pink and green marble.

[Bongiorno! Bongiorno! Bellezza, bellezza!]

The swirling cream Carrara marble;
The dots there in circles of oblivion
Your coffee is tepid, your brioche leaden
Taste buds drowned in masticated mush and remorse
To be swallowed whole - oh how cold ... oh ...sorry --

[Oh Bongiorno ... oh goodbye -- my bellissima!]

# Rita. [della scalinata]

Mi sono svegliato con un senso di perdita
Un sogno nel mezzo di una scalinata
Tu mi aspettavi lì a metà strada

E i tuoi capelli cadevano
Come fiori di ombra
Sopra i tuoi seni

La tua faccia copriva la mia -
Mi ricordavo il giorno
Nell'orto, seduti

Sotto gli ulivi
Nelle ombre moventi
La tua testa nel mio grembo, mezz' addormentata

La mia alta nel cielo
Quasi non mi azzardavo a guardare giù
Per paura che tu potessi svanire.

Ora scatto eretto nel mio letto
E scuoto la scalinata dalla mia testa
Le mie dita che scorrono sotto il piumino

E le coperte sgualcite
Cercando qualcosa di rimasto
Da quello che era destinato ad essere eterno, allora.

# Rita. [of the staircase]

I woke with a sense of loss
A dream half way up a staircase
You were waiting half way down

And your hair fell
Like blossoms of shade
Over your breasts

Your face shrouding my face -
I remembered the day
In the orchard, sitting

Under the olive trees
In the moving shadows
Your head in my lap, half asleep

Mine perched high in the sky
Barely daring to look down
For fear you might vanish.

Now I jerk straight up in my bed
Shaking the staircase from my head
My fingers running under the rumpled

Eiderdown and blankets
To find something left
Of what was meant to be forever, then.

## Venere a Roma.

Ci siamo incontrati nelle rovine
Della civiltà di altra gente

Sotto un guerriero morente
Mi hai offerto metà del tuo panino

Circondati da una silenziosa industria
Di cosce, polpacci, lance

Braccia che lanciano dischi
Fermi in un attimo oscillante

Un dio, senza gambe, senza braccia, senza capo,
Vivo nelle assenze, un'asse di macerie

Gettato via da un naufragio artistico annegato --
Una volta liscio, una curva di spazio

Oggi, nostro facsimile posato.
I tuoi occhi, uno spettacolo per una statua divina

Cosce snelle sul banco pesante
Troveranno qui impegni ampi

Più leggeri, fra i miti sobri
Passando per folle di leggende

Ti accompagnerò a casa, ho detto. Qual è la via?

# Venus in Rome.

We met in the ruins
Of someone else's civilization

Under a dying warrior
You offered me a torn half of your sandwich

Around us the silent industry
Of thighs, calves, spears

And discus-throwing arms
Held their swaying moment.

A god, legless, armless, headless
Alive in absences, a plank of debris

Tossed up from shipwrecked artistic wreckage --
Once smooth, a curve of space

Today our staid facsimile.
Your eyes, sight for a divine statue

Thighs lithe on the heavy bench
Would find ample employment here

Lighter, amongst the sobering myths
Moving through the crowd of legends.

I'll walk you home, I said. Where do we go?

## *LUKE WHITINGTON, ITALY UNVEILED*

Vicino al Pantheon, hai detto, abito
Appollaiato in su, assieme alle colombe ...

Nello scuro crepuscolo della stanza
Fra i nobili vestigi di marmo
Un barlume nei suoi occhi, per pochi secondi, parlava di Venere.

## A JOURNEY IN POETRY

Near the Pantheon, you said, I live
Perched high up, with the pigeons ....

In the dim twilight of the room
Amongst the noble marble remnants
A glimmer in her eyes, spoke for seconds, of Venus.

# Cupole ed affreschi.

Attraverso i fianchi delle colline colpite dal vento
Solo un verde fracasso
In cielo una cupola di un vuoto blu senza fine
Una montagna vera sale dietro la pioggia distante
O ricompare tra piume di nebbia seducente

Il cielo, innocente e senza fine
Di fede, arte, conquista, perdita o dominio
Non ha guglie, non ha torri
Senza cupole che richiedono conferma

Niente cielo dipinto, affrescato
Che copre quello che è vero, visibilmente, il Cielo, proprio ora
Una luce diversa, senza artificio
Nuvole senza amorini, ninfe o didascalie planano

Navigando dentro, navigando fuori
Senza incenso o preghiera
Neanche un fumante turibolo oscillante
Né una lacrima che cade contro voglia
Giù dalla guancia di legno di un santo

Solo l'opera del crepuscolo e dell'aurora
Il concerto d'inizi vivaci e di fini addolcite
Solo i fili e gli stracci di venti in pausa, che si arrossiscono;
Arabeschi, scarabocchi vivi nel tramonto.

# Domes and frescoes.

Across the wind-blown hill flanks
Only green commotion
Overhead a dome of endless blue emptiness
A real mountain climbs through distant rain
Or surfaces through plumes of seducing mist

The sky, endless and innocent
Of faith, art, conquest, loss or domain
Has no spires, no towers
No domes to claim confirmation.

There is no heaven depicted, frescoed
Over what is really, visibly, Heaven right now
A different light without artifice
Clouds without cupids, nymphs or captions glide

Sailing in, sailing out
Without incense or prayer
Not even a swinging, smoking thurible
Nor a tear to fall reluctantly down
A saint's wooden cheek

Only the opera of dusk and dawn
The concerto of bright beginning and softening end
Only the threads and tatters of paused winds, reddening;
Arabesques scrawled aloud in the sunset.

*LUKE WHITINGTON, ITALY UNVEILED*

# Le rondini della Piazza San Pietro.

Le rondini si rifiutano di aiutare
I miei occhi dimessi, stando in punta di piedi nell'aria
Come quei pesciolini, sospesi nel ruscello

Del momento, si librano poi si lanciano
E volteggiando discendono //
per lentamente salire di nuovo, nessun monaco volante
Potrebbe tirare e permettere alle sue campane di crollare

Rotolando con sì tanta eloquenza,
come queste ballerine inconsapevoli dell'aria

I preti che fluiscono in coppie //
via dal dominio di San Pietro fuori nella piazza
Ed a malapena alzano i loro capi //
Verso questi pendoli minuscoli di volo
Impugnano i loro rosari contro i pericoli di un cielo incerto

E girano giù dal corso in file; svolazzanti stracci di oscurità; //
Verso l'arrivo della notte.

E come sempre mi attardo in questa //
piazza di Roma macchiata d'albicocca
Ed amo vedere questo spettacolo autunnale, //
la dipartita delle rondini
Segnalata dal loro giocoso silenzio, i miei occhi un po' addolorati

*A JOURNEY IN POETRY*

# The swallows in Saint Peter's Square.

The swallows refuse to assist
My eye's dismissal, tip toeing in the air
Like those minnows, suspended in a stream

Of the moment, they hover then let go
And wheeling descend //
to slowly rise again, no flying monk
Could pull and allow his bells to topple

Roll over so eloquently, //
as these unconscious ballerinas of the air.

The priests that flow in pairs //
from St Peters sway out across the square
And hardly lift their heads //
toward these tiny pendulums of flight
They grip their rosaries against the risk of an uncertain sky

And turn down the avenue in files; fluttering rags of darkness //
toward approaching night.

And as always I delay in this //
apricot-smudged square of Rome
And love to watch this autumnal show, //
the departure of the swallows
Signalled by their silent play, my eyes a little saddened

## *LUKE WHITINGTON, ITALY UNVEILED*

Vogliono che il loro addio passi subito, //
la mia mente conserva i loro saluti
Ma il mio cuore tira contro questa partenza, ipnotizzato
Da questo continuo ritmo oscillante, una serenata all'autunno

L'ultima ballata d'uno stormo d'uccelli //
nelle ruggini di luce che cambiano
Tra un portale raggiante; tempo filante per gli occhi del viaggiatore.

## *A JOURNEY IN POETRY*

Want their farewell to be over quickly, //
my mind tucking away their salutations
But my heart tugs against this dismissal, hypnotized
By this continual swinging rhythm, a serenade to autumn

A flock of birds' last ballet //
in the changing rusts of light
Through a radiant gateway; time threaded for the traveller's eyes.

# Firenze con grazie a Dante.

[In memoria di Dante Alighieri –
che ha ispirato tanti a visitare questi luoghi.]

L'oro su questa porta è sottile
Ma non puoi romperlo
Non importa quanto lo batti –
Come un cerchio di ferro fatto di tenacia –
Non sparirà, rimanendo
Sottile – ma sempre ostinato

Il Duomo, con un sospiro a Dante

La tua ombra cade
Accanto alla mia
Mentre discutiamo
Se sarà caffè o gelato –
Entrambi vanno bene ci sembra – ed ogni ombra trova
Tempo di allungarsi
Gambe avvolte, contorni in concordanza, coincidenti

Santa Croce, con un occhio verso Dante

Le nostre ombre si voltano
Per ritornare
Sulle vie che abbiamo percorso
Accettiamo la loro persuasione
Più in disaccordo
Ma rassegnati, i nostri passi
Subito, cadono in un ritmo di stretto accordo

Santo Spirito con un pensierino per Dante.

# Firenze, with a grazie to Dante.

[In memory of Dante Alighieri –
who inspired many to visit these places.]

The gold on this door is thin
But you cannot break it
No matter how much you beat it --
Like the iron ring of the will -- it will
Not disappear, remaining
Thin -- but always obdurate.

Il Duomo, with a sospiro to Dante.

Your shadow falls
Beside mine
While we are arguing
Over coffee or ice cream --
Both will do it seems -- and each shadow finds
The time to lengthen
Legs linking, outlines agreeing, coinciding.

Santa Croce, with an occhio toward Dante.

Our shadows turn
To go back
The way we came
We accept their persuasion
More in disagreement
But resigned we step
Quickly, into a rhythm of strident agreement.

Santo Spirito with a pensierino for Dante.

## LUKE WHITINGTON, ITALY UNVEILED

Avendo ascoltato
Le colombe cinguettare
Lezioni di filosofia –
Ci sediamo su banchi scolpiti //
e guardiamo fisso attraverso le pietre
Ed ascoltiamo le nostre ombre
Quei contorni scuri
Che ore prima parlavano
In toni più vivaci di conversazione

Il ponte vecchio, l'acqua torbida con nomi antichi

Erano tutti in piedi qui
E di sicuro si saranno chinati
Ed espresso un desiderio
O anche sapendo che era già esaudito …

Sogni non avverati, ricordano l'innocenza //
Di cose mal acquisite, memorie
D'amore o di sorte cattiva o buona – tradimento che fluisce via
Nel tempo – e Cellini, //
appollaiato come il timoniere sul suo piedistallo
È il nostro fuoricampo silenzioso – prima di lui poeti, imperatori
E vagabondi –sciatti o raffinati, perduti o riscoperti
Avranno fissato queste acque e pensato a
Così tanto tempo già passato, serenamente
Disceso, tessuto, a coda di rondine sotto tutti i ponti

## *A JOURNEY IN POETRY*

Having listened
To the doves' warbled
Lessons in philosophy --
We sit on carved benches //
and stare across stones
And listen in to our own shadows
Those dark outlines
That spoke hours before
In brighter tones of conversation.

The old bridge, water torbida with ancient names.

They all stood here
And must have leant over
Making a wish
Or even knowing it was already granted....

Dreams unfulfilled, remembering innocence //
or ill-gotten things, memories
Of love and good or bad luck - betrayals flowing away
In time -- and Cellini, //
perched like a rudder man on this pedestal
Is our silent offsider -- before him poets, emperors
And vagabonds -- scruffy or elegant, lost or rediscovered
Must have stared at the waters and wondered
On so much time passed already, quietly
Descending, woven, dovetailed under all the bridges

## LUKE WHITINGTON, ITALY UNVEILED

A capitombolo più vicino, //
In crescita e decadenza sotto questo ponte –
Un posto vorticoso //
Ed al di sopra la struttura degli archi l'unico passaggio
Per superare i negozi a forma d'arco //
con i loro diamanti, anelli, e catene d'oro
E tutte le ombre che strisciano a passo lento; //
Addietro o avanti i loro padroni
Forme di amanti e adulteri //
fanciulli o grandi, certi maligni ed altri innocenti
Ombre di anime che vengono dal nulla, //
E nessuna parte dove nascondersi
O più chiaro o più scuro --//
I passi e i pensieri strisciano avanti sotto il cielo del poeta.

## *A JOURNEY IN POETRY*

To tumble closer, //
swelling up and down under this bridge --
A swirling place //
and above the structure of arches, the only throughway
To get past the arching shops, //
with their diamonds, rings and chains of gold
And all the shadows crawling slowly along; //
behind or before their owners
Shapes of lovers and adulterers, //
children or adults, some wicked and some innocent
Shadows of souls come from nowhere, //
with nowhere to hide --
Either lighter or darker -- //
steps and thoughts edging ahead under the poet's sky.

# Rita, nuda fra i girasoli.

Lei disse nella prima mattina
Che i girasoli l'avevano tenuta sveglia
Lei li guardava mentre loro guardavano noi.

Per tutta la notte, quegli occhioni
Surreali e tristi nel chiaro di luna
Lei disse che avevo detto che avevano provato a parlare

Nel mio sogno e volevano salvarmi
Ma io non potevo restare sveglio
E sono caduto accanto a lei e sono annegato
Braccio dopo braccio in un mare giallo di girasoli –
Occhioni ocra che continuavano //
a galleggiare attraverso la finestra illuminata dalla luna ...

Oggi vedo lei, anni dopo, ancora lì sulla collina
Che raccoglie papaveri casuali camminando
Con cura per gli onniveggenti e voltanti steli

La sue spalle e i fianchi scoperti alla luce
Gioghi curvi per il peso del sole spudorato
Capelli gettati in un'aureola, in un caos di giallo galleggiante.

# Rita, naked in the sunflowers.

She said in the early morning
The sunflowers kept her awake
She watched them watching us

Through the night, those massive eyes
Surreal and sad in the moonlight
She said I said they tried to speak

In my dream and wanted to save me
But I couldn't keep myself awake
And I flopped back down beside her and drowned
Arm over arm in a yellow sea of sunflowers -
Great ochre eyes kept //
floating through the moonlit window...

Today I see her, years after, still there on the hill
Picking the random poppies as she steps
Carefully down through the turning-all-seeing stamen

Her shoulders and hips bared to the light
Curved yokes for the weight of unashamed sunshine
Hair tossed into a halo, into its buoyant chaos of yellow.

*LUKE WHITINGTON, ITALY UNVEILED*

# Oro autunnale d'Umbria.

La mente persiste ferocemente
Raccoglie ciò che può, poi
Modifica, immagina, crea in silenzio; qui
La roccia si può trasformare, plasmata dal pensiero ;
A gesti di resistenza ostinati –

Similmente la bellezza, un'armonia di curve
Oppure linee ed angoli – il sole splendeva,
Incoraggiava la terra calda, lavorata,
A produrre grappoli d'uva ricchi – il raccolto
La fatica è la rima e il ritmo poetico

Del lavoro sudato di un contadino sfinito
Questa penitenza che forse farebbe guadagnare cento giorni in più
In paradiso, qui nella loro madre terra, gli operai
Si inchinano in basso, e falciano il grano

Che le loro donne impugnano nel pane
In cui impastano insieme speranza e muscolo
E creano un avvenire migliore, e in una pausa
Della luce serale, sotto i gelsi
Che mantengono una linea di vigne

Noi, ospiti volenterosi, in gioia con loro
Brindiamo al raccolto, alla loro fatica
Ed al cielo autunnale; gioia lubrificata
Da un vino onesto rustico dell'Umbria –
Dei fichi spaccati e un po' di formaggio pecorino

# Umbrian autumnal gold.

The mind persists fiercely
Harvesting what it can, then
Modifies, invents, creates in silence; here
Rock can be transformed, reshaped by thought
Into flourishes of stubborn endurance --

Likewise beauty, a harmony of curves
Or lines and angles – the sun has blazed away
Encouraging the warmed, tilled earth
To yield up bunches of plump grapes -harvest
Toil is the rhyme and rhythmic poetry

Of a peasant's laboured sweat and exhaustion.
This penance may earn a hundred more days
In heaven, here on their mother-earth, workmen
Leaning out low, scything the grain

For their women to pound into bread
As they knead muscle and hope together
Into better days ahead and in a pause
In evening light, under a mulberry tree
Anchoring a line of vines

We, willing guests, happily with them
Toast the harvest, their labours
And autumnal skies; joy lubricated
By an honest, rustic Umbrian wine --
Some split figs and pecorino cheese

## LUKE WHITINGTON, ITALY UNVEILED

Perfezionano la scena e il banchetto rituale.
Scarlatte e dorate le foglie sventolano
Su vigne sinuose che salgono per la collina
Sventolando come bandierine che suggeriscono una festa
Brindiamo alla cima del tramonto, alla cresta
Del cielo, e a questo ottimo vino nuovo

E sul fondo di questo arazzo ricco di fili logorati
Sulla fine di stagione, alziamo i nostri bicchieri
Di nuovo all'autunno, ai nostri amici
Al Salvatore – che ci dona
Bicchieri pieni di oro e rosso bruno.

## *A JOURNEY IN POETRY*

Complete the setting and the ritual feast.
Scarlet and golden leaves flutter
On twisting vines veering up the hillside --
Fluttering like pennants that suggest a festival
We toast the sunset crest, the ridge
Of sky, and this best new wine

And against this rich tapestry of worn threads
Of a season's ending, we raise our glasses
To autumn again, our friend
And saviour -- gifting us
Glasses brimming with russet and gold.

# Settembre.

Sotto le palpebre
Hai avuto più fortuna
Il mondo appariva
Come lo volevi – allora,

Erano i miracoli attuati
Sulle cime degli alberi – in quelle foglie tremolanti?
Oppure gli alberi traducevano
una profonda tristezza – //
Un colpo feroce invece – col loro ballo torrido?

Il vento complottava con significati in prestito
Da un cielo inquieto
La terra così muta, secca – non poteva parlare
Dalle sue fessure aride

Sotto le palpebre niente si muoveva
E potevi tornare indietro nel tempo
A quando l'erba correva in verde
Il fiume cantava il suo lungo canto scintillante

Sotto temporali purpurei o un sole bruciante --
E i pensieri sotto le palpebre, rimettevano
Al loro posto tutte le foglie che
Quel furbo vento aveva rubato.

# September.

Under eyelids
You had more luck
The world appeared
As you wanted it – now were

There miracles enacted
In the tops of trees -- in those quivering leaves?
Or were the trees translating
A great sadness -- //
a savage blow instead -- with their torrid dance?

The conniving wind had borrowed meaning
From a dithering sky
The land so mute, so dry -- could not speak
From parched cracks ...

Under eyelids nothing moved
And you could turn back the time
To when the grass rushed in greens
The river sang its glinting song along

Under purple storms or blazing sunlight --
And thoughts under eyelids, put back
In place all the leaves
The cunning wind had stolen.

## A sud di Roma.

[In memoria di Gore Vidal]

Come l'arte rupestre, una
anarchia ordinata
Di rami neri si svelano
Scarabocchiati su un cielo arrossato
Grandi attimi di fuoco duraturo, pini romani
Che creano fessure in un cielo furibondo

Stiamo sulla terrazza
Della villa di Vidal
L'orizzonte inebriato
Guarda il tramonto che
Tira il suo sudario cremisi giù
Uno scalpore, che cade e affonda sotto un orlo di nerezza.

Dalla terrazza fissi il tuo sguardo sul mare
Memoria, un reame perso, come un'isola smarrita
La puoi vedere ancora?
Puoi ancora ricordare quel giorno?
Da un traghetto hai navigato silenzioso nel porto laggiù
Le capre, le galline e i vegetali portati dalla terra madre
Una bella giovane contadina che ha catturato il tuo sguardo

Mantieni fermo il tuo sguardo
Hai strizzato i tuoi occhi per tenere l'isola lì
Uno scintillio, un segnale
Un guizzo indicativo, un tremolio in attesa --
Sbatti le ciglia, e la imprimi, ma no, non ti viene niente
L'isola è, semplicemente, il tuo capriccio, la tua speranza
La tua speranza sciolta, in quel momento

# South of Rome.

[In memory of Gore Vidal]

Like cave art, an
Orderly anarchy
Of black branches unravel
Scrawled against a reddened sky
Great moments of enduring fire, roman pines
Composing cracks in a raging sky.

We stand on the terrace
Of Vidal's Villa
The horizon inebriated
You watch the sunset
Dragging its crimson shroud downward
An uproar, falling, sinking, underneath a rim of blackness.

Staring from the terrace out to sea
Memory a lost realm, like a missing island
Can you still see it?
Can you remember the day?
From a ferry sailing silently into the port below
Goats, chickens and vegetables brought from the mainland
A pretty peasant girl who caught your eye -

You steady your gaze
Squint, to keep the island there;
A glimmering, a signal
A flicker of indication, trembling expectancy --
You blink and imprint it, but no, nothing comes
The island is, simply, your whimsy, your hope
Your untethered expectancy at the time

## LUKE WHITINGTON, ITALY UNVEILED

Ma allora, avevi poco altro da inventare
La realtà si era scansata
E l'illusione ti ha portato –
Così tante isole che senza nome andavano via
Sei sbarcato, contento, e ti sei perduto nel porto
E per un po' eri felice di diventare un paesano
E hai condiviso le albe e i tramonti duraturi
E il vino pastoso, adorabile e soffice e quei fichi troppo maturi.

Questa sera sulla terrazza
Di una villa che una volta hai visto in lontananza
E che mai avresti pensato di raggiungere
Colorerai le isole mancanti
Abbozzerai una musa in una nuvola, una sirena o due
Forse anche un poeta, che guarda le onde, chiunque ti piaccia
E percorrerai la via giù verso il mare
Le onde arrossate in fiamme
E dipingerai la notte.

## *A JOURNEY IN POETRY*

But you had little else to contrive then
Reality had been moved aside
And illusion had brought you --
So many unnamed, drifting islands
You stepped ashore, content, lost in the port --
For a while you were happy to become a villager
Sharing the enduring dawns and sunsets
The soft, mellow, lovable wine and those overripe figs.

This evening on the terrace
Of a villa you once saw from a distance
And never expected to reach
You'll colour in the missing islands
Sketch in a muse in a cloud, a siren or two
Maybe even a poet, gazing at waves, anyone you like
And continue down the path to the sea
The reddening waves on fire
You will colour in tonight.

# La Vendemmia.

Sotto i muri d'un villaggio medievale
Sotto l'oliveto
In boschetti che cascano giù dalle creste
Nella luce autunnale, il pellegrinaggio
Di vigne che intrecciano il loro cammino dal Tevere

Scarlatte, gialle, dorate e rosse fiammanti
Lottando in su, un esercito svolazzante
Che avanza verso la cittadella murata
Un'imminente e bella confluenza

Un caos ordinato dei colori della natura
Però dalla vendemmia, uva traboccante
Con la luce liquida del sole, sarà la sorgente
Di un vino rustico onesto, bevuto
Per celebrare la stagione, la vita, la famiglia e gli amici
O qualch'altra pietra miliare di nascita e morte

Ma sempre un bicchiere pieno dopo l'altro
Dei frutti della terra e del lavoro amorevole
Di semplice gioia condivisa, spalla a spalla
Insieme al tavolo di pane e parole spezzate insieme
Per famiglia ed amici, un brindisi in un bicchiere //
Al raccolto della vita insieme.

# La Vendemmia.

Below the walls of a medieval village
Below the plantation of olives
In cascading groves along the ridges
In autumn light the pilgrimage
Of vines weaves its way up from the Tiber River

Scarlet, yellow, golden and blazing reds
Striving higher, a fluttering army
Advancing toward the walled citadel
An impending, beautiful convergence

An orchestrated chaos of nature's colours
But harvested, the grapes bursting
With liquid sunlight, will be the source
Of honest rustic wine to drink
And to celebrate as season, a life, family and friends
Another tidemark of birth and death

But always a brimming glass after the other
Of the fruit of the earth and loving labour
A simple joy shared, shoulder to shoulder
Around the table of breaking words and bread together
Family and friends, a toast in a glass, //
to harvesting life together.

*LUKE WHITINGTON, ITALY UNVEILED*

# Giocherellare con l'italiano.

Ancora non furba abbastanza
Per mentire, la mia mente
trema con un'idea

Nella tua lingua, contro
la tua guancia in italiano, languidi
I miei occhi si intrigano con fini più tonde, mentre le dita

Accarezzando e accarezzate cercano nel //
Santuario soleggiato dei tuoi capelli.

Perché mi hai fatto questo –
Perché mi hai sedotto nel tuo mondo straniero
Degl'ovali orbitanti di Dante

Ero più felice con altre misure –
Di progresso ordinato di piedi e metri, di curve di latitudine
o longitudine, o pertichi e cubiti –
E tutti i pollici obbedienti in inglese.

Ora sono il pagliaccio dell'amore
Bilanciare la tua abbondanza
È un guaio e blocca la lingua
Come posso mantenere le tue vocali nell'aria

Tutte nello stesso attimo; come posso fare il giocoliere
Con i preliminari latini delle parole d'amore
In questa così sontuosa lingua straniera?

# Juggling Italian.

Not clever enough yet
To lie, my mind
Trembles with an idea

In your language, brushing
Your cheek in Italian, languidly
My eyes intrigue themselves with rounder endings, while fingers

Caressed and caressing delve //
the sunlit shrine of your hair.

Why did you do this to me --
Seduce me into your foreign world
Of Dante's turning ovals?

I was happier with different metrics --
The orderly progression of feet and metres, curves of latitude
Or longitude, old rods and perches --
And all of the inches crawling obediently in English.

Now I am the clown of love:
Balancing your abundance
Is such tongue-tying trouble.
How can I keep your vowels up in the air

All at one time; how can I juggle
The Latin foreplay of words of love
In such a sumptuous foreign tongue?

## *LUKE WHITINGTON, ITALY UNVEILED*

Gli ovali voluttuosi si alzano e cadono
Ed io saltello qua e là sotto tutti loro –
Un galeotto sotto gli anelli ed i giri l'assalto irresistibile

Di tutti i tuoi fascini ed ogni linea di rime
Buttata per intrecciarmi come un lazo –
E finisco tutto ingarbugliato, //
Brado e pieno di parole inespresse per te

Ma sconvolto – strozzato dalla mia abbottonata
Stanca e antiquata lingua anglofona
Gli ovali e le vocali saltano e galleggiano tutto intorno a me.

## *A JOURNEY IN POETRY*

The voluptuous ovals rise and fall
And I skip about under them all --
A prisoner beneath the loops and hoops; the toppling onslaught

Of all your charms and every rhyming line
Flung to curl down around me like a lasso --
Until I lie tangled up, //
wild with unspoken words for you

But choked -- clotted up by my buttoned up
Tired old-fashioned Anglo-Saxon tongue --
The ovals and vowels bouncing and bobbing all about me.

## Torte al testo.

Era una lezione culinaria, o di abbracci
Non sono sicuro quale, intermittenti
Tocchi cocenti e baci madidi

In mezzo ai suoi sforzi mentre rotolava, alzava e sbatteva
la massa di pasta sul tavolo e formava e tondeggiava
E schiacciava per formarla sulla pietra piatta

Già ardente sul fuoco,
Un grembiule appiccicoso sulla sua nudità sudata
Ha sputato sulla superficie della pietra per vedere

Se era abbastanza calda, poi l'ha alzata
Usando la sua maniglia di legno, l'ha messa da parte
E ha schiaffato la pasta sulla pietra.

Abbiamo guardato il pane piatto mentre si rosolava
Le nostre facce teatrali nella luce tremolante
Le nostre lingue gustando più //
Sudore e sale offerto da entrambe le nostre labbra
Le nostre dita foraggiavano fra raccolti di capelli
I nostri ventri giovani, in tremiti, in tensioni appena toccanti
La sua risata con tutto il suo tintinnio improvviso e vivace

Ha interrotto la tensione dell'attimo prima che ha detto
Giriamolo dall'altra parte
Non ci sono uova in questa ricetta, solo sale e bicarbonato

# Torte al testo.

It was a lesson in cooking, or hugging
I'm not sure which, intermittent
Sizzling touches and damp kisses

Between her efforts as she rolled, lifted and pounded
the lump of dough on the table and shaped and rounded
And flattened it to fit on the flat stone

Glowing already on the fire.
An apron clinging against her perspiring nudity
She spat first on the stone's surface to see

If it was hot enough, then she lifted the stone
By its wooden handle and placed it to one side
And slapped dough hard down against it.

We watched the flat bread loaf browning slowly
Our faces theatrical in the flickering light
As our tongues relished more //
sweat and salt offered from both mouths
Our fingers foraging through harvests of hair
Our bellies young, quivering, a tautness barely touching
Her laughter with its sudden, bright tinkle

Broke the moment's tension before she said
Let's turn it round to the other side
There's no egg in this recipe, just salt and bicarbonate

## LUKE WHITINGTON, ITALY UNVEILED

Così sarà più croccante, quasi come una pizza meridionale.
Dopo ha tagliato a metà la piatta pagnotta cotta
Con un lungo coltello

E poi ha messo strisce di prosciutto rosa traslucido
Su una metà e ha messo l'altra metà sopra
E ha fatto una torta umbra di pane senza lievito

Il prosciutto che squagliava un po', profumi di grasso setoso, caldo
Come i tocchi che abbiamo condiviso ed altri

Baci di esplorazione prima di mangiare a bocconi le prove.

## *A JOURNEY IN POETRY*

So it will be crisper, almost like a southern pizza.
Later she cut the toasted flat loaf
Through the centre with a long knife

And then laid strips of translucent pink prosciutto
On one half and placed the other half over
To make the Umbrian Torta of unleavened bread

The prosciutto melting a little, odours of silky fat, warm
Like touches we shared and some more

Exploratory kisses, before eating the portions of evidence.

# Venezia, a fine estate.

L'acqua gioca come canaglia capricciosa
Con merletto di marmo, liberata mormora
Come memoria e archi in tremolio
Come se ballassero la samba nel mare.

Una scialuppa taglia il telo
Di pietra e cielo, e acqua corrente
E cielo senza nubi, colori mescolati
Nella sua scia una polverizzazione di beltà
Le vie tortuose come nastri di mistero

Intrallazzato, li segui
Dentro ai loro midolli antichi
Di mattoni arrugginiti e pietra grigia, cerchi sentinelle
Fin quando raggiungi di nuovo l'acqua; un riciclo
Di paesaggi che tornano in mente solo vagamente

Da musei di ricordo, da cattedrali di melanconia --
Con lo sguardo vedi nella corrente lenta del canale
Una rappresentazione scorrevole da una tavolozza di ghirigori
Gialli, azzurri, rossi, bruni, rubini, e lacrime cremisi

Stese, che ondeggiano da Tiziano,
Questo artificio non durerà, disperso da piccole onde
Il paesaggio si gira come una pagina
Frettoloso di sparire nella corrente
I cammini scannellati, le cupole sonnolente

# Venice, summer ends.

Water plays whimsical knave
With marble lace, freed it ripples
Like memory and arches wobble
As if doing a samba, out to sea.

A launch cuts through a picture
Of stone and sky, flowing water
And cloudless sky, churning colours
In its wake a pulverization of beauty
The coiling streets are ribbons to mystery

Intrigued you follow them
Into the ancient marrow
Of rust brick and grey stone; tight, sentinel circles
Until you reach water again; a recycling
Of landscapes you vaguely remember

From museums of recollections, melancholy of cathedrals --
You glimpse in the drift of the canal
A flowing depiction from a palette of squiggles;
Yellows, blues, russets, ruby reds, crimson tears

Stretch, rippling from Titian –
This artifice will not last, dispersed by little waves
The landscape turns over like a page
Impatient to slide downstream;
The fluted chimneys, the dozing domes

## LUKE WHITINGTON, ITALY UNVEILED

Le persiane in sonnellino, la città dorme
Ai margini del quadro eterno – come un anziano nobile
Che dà un'occhiata a un bambino mascalzone
Che non smette di giocare con un cerchio di luce.

Tu ari assiduamente, in avanti
Verso le facciate che ti fissano
I vecchietti tutti in linea nel sole
Ombre ritirate da parte, il tempo che si nasconde sotto i ponti
Mentre tu passi veloce, il decadimento respira appena l'aria qui

Ma l'acqua ancora è giovane; e zampilla in anarchia vivace.

## *A JOURNEY IN POETRY*

The snoozing shutters, the city sleeps
At the edge of eternal depiction – like a noble elder
With one eye open on a wilful child
That won't stop playing with a hoop of light.

Your bow ploughs steadily, advancing
Toward more staring facades
Old timers lined up in the sun
Shadows withdrawn, time slinking under bridges
As you speed on past; decay barely breathes the air here

But the water is still young; splashing bright anarchy.

# Parte seconda

*A JOURNEY IN POETRY*

# Part two

# Bologna.

Oh Dio, sono dorato dal bere
Il tuo Lambrusco famoso
E ho tenuto lo sguardo fisso nella profondità degl'occhi
Di tutti i tuoi santi; bellissima Cecilia, Maria Maddalena modesta
Fili ricamati d'oro per le loro vesti
Il maestro Raffaello le ha dipinte, contemplando blasfemamente
Se erano rosa o dorate dall'altra parte

Sotto una luce fioca dorata, sotto archi
Cenammo con tortellini, al tempo fatti a
Forma di ombelichi di cortigiane //
Spiate per il buco della serratura di un'osteria
E fatti dal capocuoco, un guardone mesmerizzato
Con burro, olio, uova, farina ed acqua ...

Ora ombelichi discendenti girano, cremosamente nella mia bocca
E nella lingua lasciva della mia mente //
Scivolano sulla curva di un ventre
Giù al basso sbottonamento della vita
Mi immagino di giacere con lei sull'orlo del letto
Sapendo che l'occhio bramoso guarda //
Sbattendo lussuria per la serratura.

# Bologna.

Lord I am golden from drinking
Your famous Lambrusco
I've stared deep into all of your Saints'
Eyes; gorgeous Cecilia, modest Mary Magdalen
Trailing threads of gold through their dresses
The master Raphael painted, wondering blasphemously
If they were pink or golden on the other side.

Under slow golden light, under the arches
We ate tortellini, once fashioned after
The curls in a courtesans' navel, //
spied through a tavern keyhole
And made by the chef, a mesmerised voyeur --
From butter, oil, eggs, flour and water ...

Now descending navels move about, creamily in my mouth
And my mind's lascivious tongue //
slips over the curve of a belly
Down to a lower unbuttoning of life
I imagine I'm lying with her on the edge of the bed
Knowing the hungry eye watches, //
blinking lust through a keyhole.

## LUKE WHITINGTON, ITALY UNVEILED

Ora un poco di prosciutto di Parma dolce e nocciolato
Striato con nastri cremosi di grasso
Appeso su mezzi fichi purpurei
Che coprono i loro interni di rubino sontuoso ...
E crema speziata con tartufi e Grana Padano
Scivola in giallo sulle mie tagliatelle --
Alzo i fili, avvolto sulla mia forchetta
Anticipando, fiutando, la fonte pungente di vita.

La mia lingua nuota per consistenze voluttuose
Mentre destreggio un'ultima preghiera a Maria e Altissima Cecilia
E anche al nostro carissimo amico, Maestro Raffaello;
Perdonami, ti prego Maestro, per le mie immagini piuttosto povere
Di ciò che tu hai già fatto magnifico e famoso...

Perdonami anche, caro Signore, la mia promiscuità gastrica
Inghiottendo questo piatto di tortellini emiliani
Sotto il tuo sguardo santo di alabastro, sotto
Il tuo patrocinio sotto le ubriache torri della nostra amata Bologna.

## *A JOURNEY IN POETRY*

Now some of the sweet and nutty Parma ham
Streaked with creamy ribbons of fat
Draped over split purple figs
Covering their luscious ruby insides ...
And cream spiced with truffles and Grana Padano
Slides in yellows over my tagliatelle --
I lift the strands, wrapped round my fork
As I anticipate, sniffing life's pungent source.

My tongue swims on through voluptuous textures
As I juggle a last prayer to Mary and Altissima Cecilia
And also to our carissimo friend, Master Raphael;
Please forgive me Maestro, for my rather plain images
Of what you have already made magnificently famous...

Forgive me as well dear lord, my gastric promiscuity
Swallowing this platter of Emilian tortellini
Under your saintly alabaster gaze, under
Your patronage, under the drunken towers of our beloved Bologna.

# Firenze, Ognissanti.

Cattedrale dei santi
Una grotta ornata
Di eternità offuscata, sei venuto
Per evitare la certezza

Della neve cadente; nella lunga navata
Candele tremolanti, fiammanti nel loro ardore
Pronte ad aprire pagine di canzoni del tempo, le vecchie
Che hanno amato Dio per una vita, ricordano e condividono

L'assenza dello scalpore dei loro mariti.
Fuori, adesso, la neve cade
Tra le clessidre degli archi
Fiocchi sventolanti come attimi
In cerca di qualche posto per appoggiarsi –

Potrebbe essere San Pietroburgo invece di Firenze
La piazza estesa, vuota, infestata di fantasmi
E nel silenzio infinito, una folata improvvisa di vento
Porta foglie, stormi di messaggi intraducibili
Che rotolano avanti, missive dal funerale del dottor Zhivago

La neve poc'a poco camuffa le statue
Di poeti, imperatori ed eroi
Trasformandoli in intrusi
Tenuti in un avamposto ghiacciato e calante

# Florence, the eve of saints.

Cathedral of saints
An ornate cave
Of dim eternity's, you came
To avoid the certainty

Of snow falling; down the long aisle
Candles flickering, burning in earnest
Ready to open pages of songs of time, old women
Who loved god for a lifetime, share and remember

The absence of their shuffling husbands.
Outside, now, snow is falling
Through hourglasses of arches
Flakes drifting like moments
Looking for somewhere to settle --

It could be in St Petersburg not Florence
The empty, haunted, lengthy piazza
And in the enduring silence a sudden gust of wind
Brings leaves, flocks of untranslatable messages
Tumbling past, missives from Dr Zhivago's funeral -

Snow slowly camouflaging statues
Of poets, emperors and heroes
Morphing into interlopers
Kept in a waning, frozen outpost.

## LUKE WHITINGTON, ITALY UNVEILED

Sopra la tua testa, lo sventolio, cupo e magro
Le finestre e le porte, cancerose
Il ghiaccio bianco copre le tegole
ocra delle torri e dei duomi

O sarebbe l'innocenza
Che copre teneramente la terra? –
Non mi sottometto
Alla pazienza eterna di Dio

Né a incertezze cupe o
Squallide, dipinti mal illuminati
Santi verniciati da secoli
Da preghiere e fumo di candele –invece farò una passeggiata

Sotto i lampioni, amici incandescenti //
Sentinelle in fila accostate alle mura sinuose e lisciate dal vento
Seguirò il silenzio antico
Delle civiltà di una volta
I pensieri saltano davanti ai passi
Sotto ai rami nudi dell'inverno
Madido che gocciola giù dai muri luccicantiUn cielo sgualcito,
misterioso, che curva ad oriente

Proclama – Non sono

Non sono obbligato a dirti
Perché sei qui? – O chi sei? –
Alla confortevole consapevolezza che sei senza traccia
Ti fermi per guardare i fiocchi come tracce

## *A JOURNEY IN POETRY*

Above your head, the circling, gaunt and morose
Windows and doors, cancerous
White icing encrusting ochre
Tiles of towers and domes

Or is it innocence
Tenderly cloaking the earth? –
I will not succumb to God's
Everlasting patience

Or dim uncertainties or
Dingy, poorly lit paintings
Saints varnished with centuries
Of prayer and candle vapour – but instead will walk

Under the street lamps, glowing companions
Sentinels lined up along wind-smoothed winding walls
Following the ancient silences
Of once-upon-a-time civilizations
Thoughts flitting before footfalls
Under naked winter branches
Dampness trickling down glistening walls
A mysterious, rumpled sky, arching eastward

Proclaims -- I do not

Do not have to tell you
Why you are here? -- Or who you are? --
Comfortable knowing you are traceless
You pause to watch snowflakes like traces

## *LUKE WHITINGTON, ITALY UNVEILED*

O messaggi, sventolando dalle pagine di paradiso;
La porta di paradiso cade aperta verso la terra.

*A JOURNEY IN POETRY*

Or messages, drifting from pages of paradise;
Heaven fallen open, toward the earth.

# Ricordare le rovine.

Penso alla statua di Shelley,
Infranta e caduta, nel deserto
Il volto, con il suo sdegno per i cieli
Il suo rifiuto per il destino e la desolazione –

Ricordiamo la sconfitta ben distesa
La fine, ancora in sospeso
Di un altro tentativo di immortalità
Saliamo i pochi scalini erosi
Insieme alle colonne barcollanti, prova
Palese degli sforzi implacabili della natura

Di cancellare la presenza intrusa dell'umanità.
Qui avvenne un evento di rilievo; una battaglia
Una sconfitta o un gran terremoto; il tempio
O quel che è rimasto, ci ricorda di una nave
Pronta a capovolgersi, pietrificata, per sempre
O fin quando permettono il vento, la pioggia e la grandine
Un evento secolare filmato al rallentatore --

Pensiamo a tutte le mani senza nomi che lo hanno costruito
La destrezza che ci voleva per creare e formare quest'edificio
Le vite di lavoro per radunare questo disegno elegante
Questa pietra miliare fissata sul percorso della civiltà
La quiete, il silenzio qui è un'orazione al tempo
La voce di un tempo perduto; questo tempio glorioso e rovinato
Una parte del cammino tortuoso verso l'Itaca della civiltà

# Remembering ruins.

Thinking of Shelley's
Broken, fallen statue, in the desert
The visage, with its disdain for the heavens
Its dismissal of fate and desolation --

We remember the beautifully sprawled debacle
The ending, still in suspense
Of one more attempt at immortality.
We climb a few eroded steps
Together with tottering columns, clear
Evidence of nature's relentless efforts

To erase man's interfering presence.
Here occurred a major event; a battle
A conquest or a great earthquake; the temple
Or what is left, reminds us of a ship
Just about to capsize, frozen, in the act forever
Or for as long as wind, rain, hail, permit
A century-slow-motion-levelling event -

We think of the nameless hands that put this together
The skills required, creating and shaping this edifice
The lives of labouring to assemble this elegant design
This footstone set in place along the journey of civilization.
The stillness, the silence here is an oration to time
The voice of lost time; this glorious, broken temple
Part of the tortuous journey towards civilization's Ithaca

## LUKE WHITINGTON, ITALY UNVEILED

Abbattuti ma non chinati – ci sediamo sullo scalino più alto
E contempliamo questa testimonianza trasandata
Tornando verso questo tentativo di creare bellezza eterna
Adesso disordinata; una rovina crollata //
e stravaccata di impegno mortale
E non possiamo non sentire un fremito //
dentro di noi di fronte all'immensità
Del tentativo, lo sforzo supremo per creare un'entità perfetta

Di conferma eterna;
Eravamo qui, sì, e abbiamo creato questa meraviglia
Per favore ricordaci per sempre, abbiamo fatto del nostro meglio
Per lasciare un'eredità, un dono di eleganza e beltà –
Abbiamo minacciato gli Dei con la perfezione
Un peccato mortale, per cui forse dovremmo anche pagare.

Sopra, nell'infinito azzurro, gradinato da torri
E merlature di nubi; rovine belle più leggere dell'aria
In cumulonembi che passano sopra //
Questo spettacolo terrestre; questo attimo quando
Un monumento alla storia antica //
Diventa eroso, pietra fatiscente
E d'ora in poi questa maestria, arte, architettura – //
pieno di speranza ed ardore
Senza rumore, a malapena notata //
diventa la preziosa polvere della storia
E la Natura decisa sul vendicare gli Dei con le sue armi di rovina
E così, ambizione mortale //
Sarà superata da erbacce e da fiori di campo
E pietra spogliata e pulita dall'artificio ritornerà, ridotta in sabbia;
Una dimora ideale per spinifex e cactus
E vortici formati dal vento, piroette e colonne d'aria
Precipitate a spirali nello spazio, nel tempo e nella nullità.

## *A JOURNEY IN POETRY*

Broken but not bowed -- we sit on the uppermost step
And contemplate this dishevelled testimony
Turning toward this attempt to create an everlasting beauty
Now disarray; a toppling, //
sprawling ruin of mortal endeavour
And cannot but sense and shudder //
inwardly at the immense
Attempt, the supreme effort to create a perfect entity

Of everlasting confirmation;
We were here, yes, and we made this wonder
Please remember us forever, we did our very best
To leave an inheritance, a gift of elegance and beauty --
We have threatened the gods with perfection
A mortal sin, for which we might even have to pay.

Above in the endless blueness, tiered by towers
And battlements of clouds; beautiful ruins lighter than air
In cumulus nimbus pass over //
this spectacle below; this moment when
A monument to ancient history //
is becoming eroded, crumbling stone
And henceforth this artifice, art, architecture - //
all hope and ardour
To quietly, barely noticed, //
become history's precious dust
And Nature set on avenging the gods, with its weapons of decay
And thus, mortal ambition //
to be superseded by weeds, and wildflowers
And stone shorn clean of craft to return, reduced into sand;
An ideal setting for spinifex and cactus plants
And wind shaped swirls, twirls and columns of air
Spiralling into space and time and nowhere.

# Il vento autunnale.

Gli uccelli volano in perfetto ordine
Formazioni spiegate a freccia
Che volano verso una promessa di calore

Rimango senz'ali
Ho quello che non ho
Tengo quello che non posso tenere

Quest' inverno ammucchierò
In foglie fragili e arricciate
Gli ultimi pezzetti della tua mancanza

Te, che non ho
Te, che ho, ma che non ho potuto tenere
Te, che ho tenuto, ma che non ho potuto tenere

Il cielo, un mare rosso in migrazione
Un uccello, la mia prima, e ora, ultima speranza, divampa
Volando infiammato, ali cremisi
Ben aperte, in attesa della sua veglia.

# Autumn wind.

The birds fly in perfect order
Formations unfurling in arrows
Winging toward the promise of warmth

Wingless I remain
I have what I don't have
I keep what I can't keep

This winter I will hoard up
In curling, brittle leaves
The last scraps of your absence

You who I don't have
You who I have but could not keep
You who I kept but could not keep

The sky a red sea migrating
One bird, my first, now last hope, blazes
Gliding in its fire, crimson wings
Spread wide, ahead of its wake.

# Casciana Terme.

La porta è socchiusa
Lì, la piazza
La luce dell'alba ascende, una marea dorata
Sulle facciate ocra dell'architettura
Barocca - il campanile

Che comincia a svolgere
La sua cascata di tuoni, un concerto
Di motivi sui mattoni di terracotta
A spina di pesce e diagonali
Che scappa via, con il rimbombo.

I paesani stanno in atteggiamento
Di discussioni avide e confidenziali
Come se vivessero ancora in un ambiente medievale
In un bagno di luce di secoli spariti
Il rintocco delle campane che aumenta il suo tempo
Come se io raccontassi di un ritorno, un déjà vu
Di un tempo passato che è diventato un c'era una volta

In un presente discordante
Mi alzerò dalla mia scrivania
E camminerò fuori attraverso i motivi, le linee traverse
Come se io rispondessi a qualche disegno
Guadando nella risonanza
Di ora e allora, come se fossero disegnati per caso –
Le campane continuano e continuano
Suonano, una vertebra di echi

# Casciana Terme.

The door is ajar
The piazza is there
Dawn light rising, a golden tide
On the ochre facades of baroque
Architecture -the bell tower

Beginning to unfurl
Its cascade of bells, pealing
Over patterns of terracotta bricks
Herringbones and diagonals
Running away, across with the sound.

Villagers stand in attitudes
Of avid, confiding conversations
As if still living a medieval situation
Bathed in the light of centuries flown
The tolling increasing its tempo
As if telling of a return, a déjà vu
Of a time of once becoming once upon a time

In the jarring present
I will get up from my desk
And walk outside across the patterns, traversing lines
As if responding to some design
Wading into the resonance
Of now and then, as if drawn by coincidence --
The bells go on and on and
On, a vertebrae of rounding echoes

## LUKE WHITINGTON, ITALY UNVEILED

Un'ordinata ed estatica calamità
Come se implorasse; non ascoltarmi solamente,
Diventa come me, risuona, risuona
E diventa la mia bellezza, rimbalza e rilascia
La tua risonanza, il tuo essere più intimo
E tutti i tuoi segreti nascosti a lungo.

Trovo il solito posto, una sedia, la mia sedia, e aspetto
Al bar dell'angolo – il baracchino – che si trova accanto
Al busto nobile di Garibaldi – sotto
Il suo sguardo invecchiato dal tempo -- mi siedo e guardo

Il campanile si impone nel suo spazio, il suo luogo
Predominante, sullo sfondo dello stesso azzurro ordinato del cielo
Il percorso di archi del vecchio teatro
Con i loro silenzi balzanti, gioiosi, dondolanti

E mi fermo fra
Sorsi di cappuccino
Componendo echi
Amari e dolci
Alla crema
Fra così tanta grazia.

## *A JOURNEY IN POETRY*

An orchestrated, ecstatic calamity
As if to plead; don't just listen to me
Become like me, resound, resound
Becoming my beauty, rebound and release
Your resonance, your innermost being
And all your long kept secrets.

I find the usual place, a chair, my chair, waiting
At the corner café -- il baracchino -- beside
The lofty bust of Garibaldi -- under
His time-aged gaze -- I sit back and watch

The bell tower imposing its space, its predominant
Place, against the same ordained blueness of sky
The run of arches of the old opera house
With their leaping, joyous, rolling silences

And I pause between
Sips of cappuccino
Composing echoes
Bitter and sweet
Cream-laced
Amongst such grace.

# Fra due mondi.

Mi siedo da Sabatini
Non del tutto da solo, accompagnato
Da un bicchiere traboccante di prosecco
E nel silenzio, neanche un sussurro
Neanche la coda languida del silenzio, che si arrotola
Intorno alle gambe nude di sedie vuote

Ma qualcos'altro risuona? –
Guardo attraverso la piazza la cattedrale
di Santa Maria in Trastevere, chiedendomi se
ho appeno sentito tracce di musica
Un soffio in alto, lì e sì, anche più vicino, qui

Come l'effervescenza d'una luna d'oro
Che scivola giù dalle pietre dorate
Potrebbe essere il profumo
Di qualche musica fuori dalla terra, di oltre mondo? –
Composta da salti orchestrati d'archi
Che salgono in colonne scannellate e che echeggiano
In strati e strati di modellature di marmo – una meditazione

Sinfonia di livelli delicati, illuminati in soffice luce
Disposti in armonie dolci
Di felice, sorridente architettura? –
Artificio che inventa, scolpendo un edificio;

Un'armonia ondulante e a coppa
Con un'infusione di ritmico e nobile silenzio –

# Between worlds.

I sit at Sabatini's in the square
Not entirely alone, accompanied
By a brimming glass of prosecco
And in the quiet, not one whisper
Not even the languid tail of one, curling
Around the bared legs of emptied chairs

But had something else resonated? -
I gaze across at the cathedral
Of Santa Maria in Trastevere, wondering if
I had just heard traces of music
Wafting high, over there and yes, over closer here

Like the moon's golden effervescence
Gliding down over gilded stone,
And could it have been the sound
Of some unearthed, unworldly music? -
Composed in orchestrated leaps of arches
Rising in fluted columns and echoed in
Layers and layers of mouldings of marble – a musing

Symphony of delicate, softly lit tiers
Arranged in gentle harmonies
Of felicitous, smiling architecture? --
Artifice inventing, sculpturing an edifice;

A cupped undulating harmony
With an infusion of rhythmic, noble silences--

## LUKE WHITINGTON, ITALY UNVEILED

Avevo paura che diventasse qualcosa di più
Una cascata di rumori – e mi sono alzato e sono andato
Via, voltando le spalle all'ornato ...
L'orchestrazione, vertiginosa dai palchi, i piedistalli, i tronchi
E i livelli più alti, architravi, curve
Silenzi sospesi, di musica che entra nella mia mente
E cammino attraverso un ponte galleggiante oscillante
Con mezzo bicchiere di prosecco – un cicchetto
O due, rimasti da sorseggiare – e da gustare tra due mondi.

### *A JOURNEY IN POETRY*

I was fearful it might turn into something more
A cascade of noise -and I stood and walked
Away, turning my back to the ornate
The orchestration, giddy from the stages, pedestals, trunks
And rising levels, architraves, curves
Of suspended silences, of the music entering my mind --
Walking over a buoyant, swaying bridge
With half a glass of prosecco - a tipple
Or two, left to sip -- and savoured between two worlds.

# Rovine.

Il tempio è crollato
Innamorato del prato
Pezzi scolpiti, mezzi
Nascosti, intimano a qualcosa di più
Che l'erba tirata dal vento mai più dirà

Lo scintillio nei lunghi fili d'erba
Condivide nulla; solo il vento –
Al tavolino di un bar, formaggio ed olive
Hanno un sapore diverso, in Sicilia meridionale

L'alito di pecora è ancora lì, condiviso
Coll'amaro d'ogni tonda oliva
E affila la lingua, le briciole
Di formaggio stagionato di grotta

Un contrasto per la discordanza di olive mature.
Vino, nero, macchiato
Come il sangue di un giovane sulle tue labbra e sulla tua lingua
Che si sbuccia in un sorriso – scaltro e diabolico --

Il sole è nostro padrone – nostro portinaio in cappello di paglia
Signore di un sensuale mondo pagano
L'erba fruscia
Contro colonne doriche cadute
Una coscia ocra nuda svestita dal vento

Le nostre mani amoreggiano sotto il tavolo
Il benigno sole ci guarda con aria d'intesa
Mentre dita giocano ruoli ambiziosi
Umidi da molto tempo fa –

# Ruins.

The temple has fallen
In love with the grass
Carved sections, half
Obscured, hint at more
The wind-whipped grass will tell no more

The glint in long running grass blades
Shares nothing; except the wind --
At this café table, cheese and olive
Taste different, in southern Sicily

The sheep's breath is still there, shared
With every olive's plump bitterness
And sharpens the tongue, the crumbling
Substance of cave-aged cheese

Is a foil for an olive's ripe discordancy.
Wine, black, smeared
Like youth's blood on your tongue and lips
Peeling back to a smile - guileful and demonic --

The sun our padrone -- our straw-hatted gatekeeper
Lord of a sultry, pagan world.
The grass swishes
Over the fallen Doric column
A long ochre thigh undressed by the wind

Our hands flirt under the table
The sky is benign, watching us slyly
While fingers play ambitious roles
Moist from a long time ago -

## LUKE WHITINGTON, ITALY UNVEILED

Più giochi, divertimenti rotolanti
Ricordati tra tocchi

Ma oggi con te, le rondini
Sembrano più vive, diavolesche anche
Quando svoltano e virano, a caccia delle ombre degli Dei
Fra le colonne, qua e là, la luce e l'oscurità d'un epoca –

Ieri sera l'abbiamo viste – salire gioiose a mezzanotte
Viste da acque basse oro gocciolante dalle nostre cosce
Hai bagnato le tue guance con l'acqua di bellezza
E le gocce cadevano, squagliate tra i tuoi seni

Per un attimo, ho visto le rocce, che ti seguivano
Fino all'acqua, come vecchi amanti
Venuti per vederti, la luna scappava
Tra le nuvole e la tua faccia spariva nel buio

E non potevo vedere le tue labbra.
Né quello che forse i tuoi occhi dicevano
Nell'alba, in grandi passi ho raggiunto la cima della collina
I miei pensieri su di te lì, indietro, ancora a dormire

E come un cipresso o la sua mente perpendicolare
Mi fermai in piedi, guardando attraverso le colonne rotte
Le rovine di un mare cremisi e le rocce
E l'ultima immagine di te, in disordine
Il caos delle tue membra ondeggianti in un paradiso sul letto.

## *A JOURNEY IN POETRY*

More games, tumbling fun
Remembered between touches.

But today with you the swallows
Seem more alive, devilish even
As they turn and veer, chasing shadows of gods
Through the columns, in and out; light and dark of an epoch --

Last night we watched them, rise and flourish at midnight
Seen from shallow waters, gold dripping from our thighs
You splashed your cheeks with the gorgeous wetness
And drops ran down, molten between your breasts

For seconds, I saw the rocks, following
You down to the water creeping behind like old lovers
Come to watch as the moon slipped
Away into clouds and your face darkened

And I could not see your mouth.
Or what your eyes might have been saying.
In the dawn I strode up to the crest of the hill
And thought of you behind, sleeping still

And like a cypress or its perpendicular mind
I stood, looking down past broken columns
At ruins of a crimson sea and rocks
And the last image of you, in disarray
And strewn in your limbs; tossed into paradise across the bed.

# Cucire il chiaro della luna.

Nelle strade vuote di mezzanotte
Il sorgere immacolato della luna –
Audace e piena o a mezzaluna –
Il volo d'un essere silenzioso e dorato della notte
Eternità cullata nel suo volo a pendolo.

A Roma, nelle ruggini dell'autunno
Le rondini dondolano tra stagioni
E reami d'antichità, salgono, strisciano
Infilandosi nell'aura dorata della luna

Macchie fuse zampillanti col chiaro della luna
Le ombre incatenate sono invidiose
Di questi uccelli, che filano in volo
E attraversano il panorama imperiale

Mai in arrivo
Ora quasi lì
Un'estasi prolungata, poi
Voltandosi tornano
E legano il ritmo al tempo
E discendono per poi salire di nuovo
E cuciono luce al cielo, ed anche luce al tempo.

# Sewing moonlight.

In midnight's emptied streets
The moon's immaculate rise --
Bold and round or twin-horned --
Glide of the inaudible golden-night-creature
Eternity cradled in its pendulum of flight.

In Rome, in the rusts of autumn
The swallows swing between seasons
And realms of antiquity, rising, gliding
Threading through to the golden aura of the moon

Molten blurs splashed with moonlight
The tethered shadows are envious
Of these birds, threading flight
Swung across the imperial scenery

Never quite reaching
Now almost reaching
A prolonged ecstasy, then
Wheeling and returning
Linking rhythm to time
Descending again to rise
To sew light to sky, again light to time.

# Settembre nell'Italia Rinascimentale.

Quanto furbo, l'autunno, eleva
La morte a bellezza e celebrazione
L'Autunno, alchimista che crea lustrini,
Da far volare negli scintillii di una sola foglia – astuto
Come l'acqua è infiammata, brucia brillantemente
Sulla superficie serena di un laghetto ornamentale -- ingegnoso
Come si infila in ruscelli di luce dorata
Nei rami di pini romani; un orizzonte di arancione bruciante
Al di là; sfondo al pellegrinaggio errante degli alberi

La foglia che segue le foglie è ugualmente indifferente
Una fine guida il suo volo
Galleggiando attraverso i rottami del sole
Giù per i piedistalli e i busti
Quei sentieri che vagano per giardini antichi;
C'è una nonchalance in così tanta grazia; morte che gioca
Con bellezza, con tempo ed eternità.
Ovunque, nell'autunno; lungo il Tevere romano
O per l'Arno di Toscana //
O attraverso le pianure azzurrine del Palladio
Sopra tetti rosso-bruni attraverso le torri ardenti di Venezia
E le finestre di visioni spirituali, ritiri monastici
Nell'alto di montagne innevate //
Nel biondo-rame ombrato dell'Umbria

# September in Renaissance Italy.

How clever, autumn elevating
Death to beauty and celebration
Autumn the alchemist making glitter
To glide with the glinting flight of a single leaf – clever
How the water is set alight, burning brightly
On a serene surface of an ornamental pond, clever
In embroiling the streams of golden light
In the branches of Roman pines; a burning-orange horizon
Beyond; backdrop to the scrawling pilgrimage of trees.

The leaf following leaves is equally indifferent
An end is guiding its flight
As it floats across the wreckage of the sun
Down through the pedestals and busts
Those pathways winding through the ancient gardens;
There is a nonchalance in such grace; death toying
With beauty, toying with time and timelessness.
Everywhere in autumn; along the Roman Tiber
Or the Tuscan Arno //
or over the bluish plains of Palladio country
Across the russet roofs, across smouldering towers of Venezia
Through the windows of spiritual visions, monastic retreats
High on snow-capped mountains //
in auburn-shadowed Umbria

## LUKE WHITINGTON, ITALY UNVEILED

Echeggia nelle foglie di fuoco che saltano sinuosamente nei camini
In cascine di pietra aitanti sulle cime presso Siena
L'orizzonte di cremisi bruciato, ondeggiante dell'inverno;
Lo scioglimento abbozza il suo ultimo dipinto
Di fili, di pezzetti rimasti dell'estate; che perde
La sua nuova nudità, e suona la sua sonata svanente
Nei giorni che procedono in tempeste d'oscurità, o

Le nuvole buie terribili a nord e sud non cercano risposta
Ma svolazzano avanti //
Alle viranti valli dell'inverno e del nord.
Eterno è il silenzio nella più alta canzone dei grigi cieli d'inverno
L'ultima foglia orfanella cade, e svolazza in un fosso
Giù in un canaletto, una pozzanghera di silenzio assoluto
L'ultima fessura dei dimenticati, sorvegliata
Dalle querce desolate, le loro membra nude
Mantellate dal freddo e manicate in azzurro e oro ghiacciato.

## A JOURNEY IN POETRY

Echoed in the leaves of flame curling and leaping in fireplaces
In the stalwart stone farmhouses along the crests nearing Siena
The undulating, crimson-singed horizons of wintertime;
Dissolution is sketching out its last picture
Of threads, patches left of summer; shedding
Its new nakedness, sounding its fading sonata
In the days advancing into the storms of darkness, or

The dark clouds raging north and south that do not seek an answer
But go swirling onwards //
into the northward veering valleys of winter.
Endless is the silence in the highest song of winter-grey skies
The last orphaned leaf falling, spinning into a ditch
Into a gutter, a puddle of utter quiet
The last crevice of the forgotten, guarded over
By the stark oak trees, their naked limbs
Cloaked in coldness and sleeved in frozen blue and gold.

## Firenze -- Santa Maria del Fiore.

Un diluvio di marmo
Cascate di verde
E rosa e crema –

Una pioggia inaspettata spazza e pulisce tutto
Ondeggiante come i fili d'una tenda di perline
Il tuono del temporale finisce, e timido ma risorto

Il sole appare, radioso ora
Sulle punte di ferro dei cancelli e i timpani di marmo --
Le macchie dorate corrono, in curve di archi soleggiati

I santi sui loro piedistalli di marmo
Sembra che conversino
Luce ed ombra alternate
In chiaroscuri ondeggianti, un palco nobile

Di umori inclinati di luce
Rappresentazioni lente di tempi storici
Le ombre cascano dalle spalle della torre
Attraverso un ruscello di pietra davanti a una grotta ornata

Del grande portale; la gente
Qui sciama e si raduna, come
Quelli che cercano rottami sulla spiaggia, radunandosi

Attorno a una meravigliosa balena spiaggiata sulla riva –
O invece, cerchi di immaginare un palazzo
Extraterrestre, che brevemente è atterrato

# Firenze -- Santa Maria del Fiore.

A downpour of marble
Cascades of greens
And pinks and creams --

The unexpected rain sweeps everything clear
Swaying like strings of a bead curtain
Thunder ends and stagestruck but risen

The sun appears, glowing now
On the iron tips of gates and marble gables --
The golden smudges run, curving into sunlit arches

The saints on their marble tiers
Appear to be conversing
Light and shade alternating
In turning chiaroscuros, a lofty stage

Of slanted moods of light.
Slow portrayals of historical times
Shadows fall from the tower's shoulders
Across the stream of stones before the ornate cave

Of the great portal; the people
Here swarm and gather, like
Beachcombers, congregating

Around a washed up marvelous whale --
Or instead, try to imagine an extra-terrestrial
Mansion, that has landed briefly

## LUKE WHITINGTON, ITALY UNVEILED

Per rivendicare dalla luce italiana un po' della sua energia persa ...
Quante volte ti sei fermato
Sui tuoi percorsi, in pausa per riprendere il fiato

Sotto questo edificio di marmo rosa e verde
I fiorentini taciturni entrano ed escono, e scarsamente osservano
Quelle espressioni impressionate, che rimuginano
Su altre cose mentre vanno e vengono
Con passi allungati, davanti le facce sorridenti che guardano in su
Una marea girovagante di sguardi stupefatti
E continuano come sempre al loro solito, pratico e quotidiano modo
Attraverso il vecchio studio cinematografico //
Che una volta si chiamava – il Rinascimento.

## *A JOURNEY IN POETRY*

To claim back some of its lost energy from Italian light....
How many times have you stopped
In your tracks to pause and catch back breath

Beneath this pink and green marble edifice
The taciturn Florentines entering and exiting, hardly observe
Those awestruck expressions, ruminating
On other things as they come and go
In uninterrupted strides, past the upturned, smiling faces
The circling tide of stupefied gazes
And go on as always in their normal practised, practical way
Through an old film lot //
once called -- the Renaissance.

## Caffè Garibaldi dell'angolo.

In raggi autunnali di luce inclinata
Un ritmo lento dondolante
Di platani giovani
Le loro foglie sembrano
Sospese da fili
Che orchestrano un tintinnio di silenzio
Le poche rimanenti, svolazzanti, cadranno fra poco

Qualcosa per guardare
Col fiato sospeso mentre
Una dopo l'altra
Ogni foglia cade a spirale e a vortice –
Ed è meraviglioso come gli uccelli
In picchiata possano afferrare
Un insetto dall'aria
Un granello volante di vita minuta

Consumato in un instante, ali
Aperte, planano per appollaiarsi sul tetto di nuovo.
La vita balbetta, trema in umori arrugginiti e rosati
In questo tempo dell'anno, più
Che mai, vita e morte, un senso
Di inizi e di finali che si svelano

Fusi, in singoli attimi, quieti; i raggi del sole
Zampillano all'improvviso e poi le ombre
Li raggiungono - luce-poi-buio-poi-luce
Voci in contrasto, silenzi, che fioriscono subito dopo in vita.

# Café Garibaldi on the corner.

In autumn slants of light
A slow swaying rhythm
Of young plane trees
Their leaves seem
Suspended on strings
Orchestrating a tinkling of silence
These last few fluttering, might fall soon enough

Something to watch
Breath held while
One after one
Each leaf spirals, eddying down –
And amazing how birds
Can swoop and snatch
An insect out of the air
A drifting speck of a tiny life

Consumed in an instant of time, wings
Wide, gliding up to perch on a rooftop again.
Life stutters, shudders in moods of auburn and rust
This time of the year, more
Than ever, life and death, a sense
Of unravelling beginnings and endings

Merging, for single, quiet moments; sunlight
Splashing suddenly and then shadows
Catching up – light-then-dark-then-light
Contrasting voices, silences, flowering into life straight after.

## LUKE WHITINGTON, ITALY UNVEILED

Volte di rami giù dal corso
Dopo una settimana di cova
Turbolenza tenebrosa, platano maturo
Rami che si formano in archi gotici
Un sentiero galleggiante di luce scintillante --
Finalmente, un giorno di cielo candido e chiaro
Che permette alle forme di sollevarsi dalle tenebre

Curve lente di nuvole in pausa
Lassù, le loro ombre esplorano
In basso e cavalcano muri, prima che
All'improvviso, come se fossero avvisate, //
si allontanano e svaniscono –
Il tempo così ci consiglia un modo languido
Di camminare, guardiamo in su come se le finestre
In alto fossero arrangiate come dipinti di nuvole

Il pensiero si rallenta, anche nel bere
Sorseggi qualche memoria
I tuoi vecchi ponti, che si arcano sopra le traversate della vita
E sempre, il tuo fidato compagno, signor Cappuccino –
Le foglie a frotte, appena in movimento
Sussurrano i loro segreti a grappolo, e ancora pensi
A Keats, il poeta, che scrisse
Il suo nome sulle acque turbinose del ruscello
E nella biblioteca di Firenze, con i busti dei pensatori
Posati sui muri sotto soffitti ornati
E quella duratura luce di sole toscano che scivola

## A JOURNEY IN POETRY

Vaults of boughs down the avenue
After a week of brooding
Moody turbulence, mature plane tree
Branches form gothic arches
A floating pathway of glimmering light --
A day of candid clear sky finally
Allowing shapes to surge from gloom

Slow curves of clouds pause
Overhead, their shadows exploring
Downward over walls before
Suddenly, as if warned, //
they withdraw and vanish --
Weather like this counsels a languid way
Of walking, looking up as if the windows
Above were arranged as pictures of clouds.

Thinking slows, also drinking
You sip on some memories
Your old bridges, arched crossings in life
And your always, trusted companion, signor Cappuccino --
The flocked leaves, barely shifting
Whisper their clustered secrets and you think again
Of Keats, the poet, who wrote
His name on swirling stream water
And the library in Florence, with busts of thinkers
Perched on walls under the ornate ceilings
And that enduring, gilding Tuscan sunlight

## LUKE WHITINGTON, ITALY UNVEILED

Che fluisce per le finestre
Come pendenze del tempo che illuminano quelle tegole dorate
Di libri rilegati, in fila, fianco a fianco come soldati di sapienza
In sonnellino, dimenticati forse –//
ma che da sempre oltrepassano il loro tempo.

La tua tazza è vuota ora, ma il tempo la fa traboccare fino all'orlo.

## *A JOURNEY IN POETRY*

Streaming down through windows
Like slants of time brightening those golden titles
Of bound books, ranked side by side, like soldiers of knowledge
Dozing, forgotten perhaps -- //
but forever outliving their time.

And your cup is empty now, but bubbling up to the brim with time.

## Costanza Bella Contessa.

Lungo la riva ligure guidavo verso nord
Un'immagine tremolante colla coda del mio occhio, le onde valorose
Forme cascanti, per sempre tentano l'oblio
I miei pensieri tornano a Dante, il verso
*"L'acqua ch'io prendo già mai non si corse"*

Nel lento cielo di fine giornata una nuvola di là
Perfettamente sola ed ardente – il sole che ora scende giù
Rovista dalla spiaggia alle salite
Per i ciuffi d'erba sotto gli ulivi, foglie
Come tizzoni soffiati per attimi poi fluendo in verde-argenteo
La luce diventa fuggitiva, lascia l'aria //
stordita, vuota all'improvviso di tutto il colore
Prima che inondi in cremisi, un raggio foraggiante di fuoco

È bello planare lungo il mare
Ora entrare nel delicato crepuscolo
Sentire i violini melanconici
Di Sibelius – la mente si volge all'amante di Bernini
Costanza Piccolomini – la sua dote
Di ventinove ducati, un dono
Dalla parte più miserabile di una famiglia stracricca
Sufficiente per pagare un piatto di pasta //
oggi al caffè sull'autostrada --

*A JOURNEY IN POETRY*

# Costanza Bella Contessa.

Driving north beside the Ligurian sea
Image quivering in a corner of my eye, the fearless waves
Toppling shapes, forever tempting oblivion
My thoughts veering back to Dante, the line
*"My course is set for an uncharted sea"*

In the day's slow-ending-sky a cloud ahead
Is glowing perfectly alone -- the sun sunk low, now
Rummaging from shore to rising land
Through tussocks under the olives, leaves
Like blown embers for moments then streaming to silver-green
Light, become fugitive, leaving the air //
stunned, suddenly colourless
Before flooding to crimson, a foraging beam of fire

Good to be gliding along by the sea
Now entering a gentle twilight
Listening to melancholy violins
From Sibelius -mind turning to Bernini's mistress --
Costanza Piccolomini -- her dowry
Of twenty-nine ducats, a gift
From the dirt-poor side of a filthy-rich family
Enough to pay for a plate of pasta //
today at an Autostrada café --

## LUKE WHITINGTON, ITALY UNVEILED

Bello sentirsi perso, la macchina quasi si guida da sé
La mente senza meta sfoglia le pagine del tempo
E ricorda il busto di Cellini,
Sul Ponte Vecchio a Firenze,
Fissare intensamente il fiume Arno che scorre sotto
Come se guardasse secoli di atti, //
di guadagni e perdite
Vortice, galleggiano via perle, ritratti e doti
Palazzi e tenute con linee di cipressi
Sogni di essere finalmente pagato da Cosimo de' Medici
Per il suo guerriero di bronzo, Medusa decapitata –

La strada mi porta avanti in fretta
All'improvviso molto lontano
Appaiono montagne di marmo; Carrara
Bocca di Magra, cortile degli scultori
Michelangelo, fra loro, stridente
Monumenti naturali, ancora liberi dalla forma umana del passato
Lastre di pietra grezza e marmo //
Una volta truccato e trasformato in Arte
E messo a vista come un dono, //
una narrativa, per il creato e la civiltà.

Cominci a salire verso
Nuvole ammucchiate, si avvicinano
In fila, come palazzi spettrali – del Rinascimento
Trieste si trova lì, davanti, petto al mare tormentato dal vento
Onde increspate di bianco, //
Che per sempre rovesciano le loro supliche.

## *A JOURNEY IN POETRY*

Good to feel lost, the car sort-of-driving itself
Mind turning pages of time aimlessly
Remembering Cellini's bust
On the old bridge, Ponte Vecchio, in Florence
Staring intently down the Arno River
As if watching the centuries of deeds, //
gains and losses
Swirl, bobbing away, pearls, portraits, and dowries
Palaces and cypress lined estates
Dreams of finally getting paid by Cosimo Medici
For his bronze warrior, beheading Medusa –

The highway rushes onward
And suddenly far beyond
The mountains of marble appear; Carrara
Bocca di Magra, the playgrounds of sculptors
Michelangelo strident amongst them
Natural monuments, still free of a man-shaped past
Slabs of raw stone and marble //
once teased and tricked into Art
And placed in view as a gift, //
a narrative, for creation and civilization.

You begin to climb toward
Advancing clouds, amassed
Ranked, like spectral palaces -- of the Renaissance
Trieste is there ahead, breasting her wind chased sea
The white crested waves, //
endlessly toppling entreaties.

*LUKE WHITINGTON, ITALY UNVEILED*

# Firenze e Monga.

Luna piena ed arancia rossa
Pascola attraverso le cime
Degli albicocchi, stasera

Benestante e sfacciata come se
Fosse venuta dall'altro mondo
Per pascolare; i rami distendono narrative

In viticci di inchiostro rovesciato nel vento lento e caldo
Il legname scricchiola in simpatia.
Stai sveglio ancora, le lenzuola fin sotto

Al tuo mento, guardi il colore
Dell'alba, il rullo di tamburo del vento
Sul tetto di latta ondulata, e ti ricordi di

Questo cremisi da prima
Teso come un vessillo di seta
Attraverso un impero del cielo appena creato

Storie fatte da nuvole, missive ammucchiate nella prima luce

Seguendo il vento dell'alba
L'Arno, fluisce sotto le sagome dei ponti
A Firenze, biancheria fino al tuo mento

# Florence and Monga.

Big moon, blood orange
Grazing across the tops
Of apricot trees, tonight

Prosperous and bold-faced as if
It has come from the other world
To feed; branches stretching narratives

In tendrils of spilt ink in a slow warm wind
Timber creaks along in sympathy.
Awake still, sheets up under

Your chin you watch the colour
Of dawn – drum-rolled by the wind
Over corrugated tin roofing, and you remember

This crimson from before
Taut as a silk banner
Across a new-made empire of sky

Cloud-made narratives, missives, amassed at first light

As a dawn wind followed
The Arno, flowing under silhouettes of bridges
Into Florence; bedding up to your chin

## LUKE WHITINGTON, ITALY UNVEILED

I tuoi piedi sono lì giù in Toscana, ora
Camminano per i viali risonanti passano i cipressi e gli archi
La tua testa dondola nel flusso silenzioso del Mongarlowe;
Ciottoli, un vortice d'oro cadente diffuso sotto gli albicocchi

Lune, giovani e vecchie, entrambe audaci //
Divorano il mondo a loro piacere
Due mondi fusi in memorie //
del chiaro di luna e del mezzogiorno rovente.

## *A JOURNEY IN POETRY*

Your feet are down in Tuscany, Italy now
Walking the echoing alleyways, past cypresses and arches
Your head is lolling in the silent flow of the Mongarlowe;
Cobblestones, a spilling golden swirl, splayed under the apricots

Moons young or old, both bold, //
feasting on the world at will
Two worlds merged in memories //
of moonlight and blazing noon's.

## Studiare l'italiano.

Le campane di San Lorenzo
Ti sorprendono, e ti svegli
ogni volta bruscamente – suonano
L'unico rettangolo di cielo della stanza
Con lingue martellanti
Ed echi assordanti – ti giri

Quasi sveglio, affamato, e immagini mele e pere
O prosciutti, addirittura manuali di lingua
Appesi al cielo; sconvolgono
I sensi con ogni scoppio sonoro, questo magnifico
Ciclico fracasso – suonano, suonano più dolcezza, ora un melone
Che esplode in intensità d'ocra – poi il tempo a poc'a poco si ferma
Tremolante; e poi, d'improvviso, un silenzio imperioso

Secoli fa, nel medioevo, le campane rotolanti, tonanti,
Avranno brandito terrore nei cuori
Della gente, che scappava in fretta dalle loro ombre
Che gli ricordavano chi erano i padroni. Oggi i preti
Passano furtivamente vicino le mura del Palazzo dei Priori
Esiliati nella loro cittadella di pietra, Perugia, forse sentono

Giordano Bruno –//
La sua ombra lunga ed eterna - quella dopo la prossima.
I piccioni si disperdono come virtù sorprese, le loro
ombre spariscono in un frullio, svaniscono in vicoli – //
sì, perché no?
Mi siederò sui gradini scaldati dal sole della cattedrale
Insieme a una colomba curiosa che mi chiede compagnia

## Studying Italian.

The bells of San Lorenzo
Catch you by surprise, waking
You abruptly every time -playing
The room's one oblong of sky
With hammering tongues
And deafening echoes -- you roll over

Almost awake, hungry, imagining apples, pears
Or hams, even language textbooks
Hanging from the heavens; shattering
The senses with each sonorous explosion, this gorgeous
Cyclical din --chiming, chiming more sweetness, now a melon
Exploding into ochre loudness - then quietly time ceases --
Quivering; and then, suddenly, an imperious silence.

Centuries ago in the medieval, the rolling, tolling bells
Must have swung terror into the hearts
Of the people, scurrying in front of their shadows
Reminding them of who was the boss. Today the priests
Shift along close by the walls of the Palazzo dei Priori
Exiles in their own stone citadel, Perugia, maybe they sense

Giordano Bruno -- //
his long eternal shadow the one after next.
Pigeons scatter ahead like surprised virtues, their
Shadows fluttering, vanishing into alleys - //
yes, why not
I will sit on the cathedral's sun-warmed steps
With one curious dove querying me for company

## LUKE WHITINGTON, ITALY UNVEILED

E aspetterò l'arrivo di Rita
La mia bella donna perugina
Con quel turbine di chiaro di luna nei suoi occhi
Un fruscio di onde frizzanti nei suoi passi
Ed onde lucenti nei suoi capelli
Infiammati dal sole di mezzogiorno
Mia domina dolce; una vagabonda
Una seguace di torri umbre, talvolta
Un'amante-pellegrina di ombre di cattedrali
Le loro campane tormentano il tempo e le ore di sonno

Sono stato mandato qui perché lei era qui?
Gli dei hanno avuto scelta in questo?
Come è bello semplicemente aspettarla con
L'ombra della sua antica cattedrale che richiama
Verso l'alba dei ciottoli cremisi //
di Corso Vannucci –

Seduto, ruminante, dopo la scossa
Di frutta, amore, desio, e gioia scoppiante
E fame esposta, pensieri spazzati e suonati
Speranze, parole, idee che svaniscono in frammenti --
Sentimenti senza ombre, rivelati
Amore trovato qui veramente nudo, in attesa
In questo rovescio di luce umbra
In attesa che'l suo sorriso colleghi il suo e'l mio mondo.

## *A JOURNEY IN POETRY*

And wait for Rita to come
My Bella Donna Perugina
With a swirl of moonlight in her eyes
A rustle of crisp waves in her walk
And shining waves of hair
Struck into flames by the midday sun;
Gentle possessor of me; a wanderer
A follower of Umbrian towers, sometimes
A lover-pilgrim of cathedrals' shadows -
Their bell towers harassing time and dormant hours

Was I sent here because she was here?
Do the gods have any say in this?
How good it is to wait just for her with
Her cathedral's ancient shadow beckoning
Toward the crimson-cobbled-dawn //
of Corso Vannucci --

Sitting, ruminating, in the aftershock
Of exploding fruit, love, desire, happiness
And hunger exposed, thoughts swept and chimed
Hopes, words, ideas swinging into fragments -
Feelings shadowless, revealed shadowless
Love found here truly naked, waiting
In this downpour of Umbrian light
Waiting until her smile bridges her world and mine.

# Giardino di Boboli, impronte di ombre.

La panchina dove amore
Ha lasciato un'ombra
Dove la gioventù ha lasciato iniziali rozze
Dove l'amore era un rifugio
Dalle censure, dalla malinconia e dalle conseguenze.

Ti siedi di nuovo sotto
Ai rami accoglienti della quercia
Ancora le campane, suonano ricordanze per il parco
Scartano tempo e note melodiose di tanto tempo fa

Suonano come c'era una volta, e nel mezzo
C'è lo stesso brusco silenzio stordente e
All'improvviso la stessa innocenza dorata di tono e nota
Una melodia, una musica, dorata come il sole
Lì nell'ombra tinta di verde, lo stesso sussurro di foglie
Le vecchie ombre di gioventù e desio
Ancora si sdraiano e si muovono lentamente, seguendo l'ora, sì
E ci siamo, amore, un incontro profondo come la scorza
E lettere incise nel tronco --
Una cicatrice ancora bramante, ma quasi sana.

Il tempo svolazza con un vento diverso
Le foglie si muovono, strisciano, si allungano come dita
E i caratteri perfettamente scritti a mano
E scritti e letti ferventemente, riposano ora
In pace; foglie, pagine, di luce e sogni
Sotterrati nel profondo silenzio, e nella polvere dei cassetti

*A JOURNEY IN POETRY*

# Boboli Gardens, fingerprints of shadow.

The bench where love
Left a shadow
Where youth left crude initials
Where love was a refuge
From strictures, melancholy and consequences.

Sit down again under
The shouldering arms of the oak
The bells again, ringing recollection across the park
Shedding time and long ago melodious notes

Sounding like once upon a time, in between
There is the same abrupt, stunning silence and
Suddenly the same gilded innocence of tone and note
A melody, a music, as golden as sunshine.
There in the green-tinged shade, the same whispering of leaves
The old shadows of youth and desire
Still laze and gently shift, following time, yes
And there it is, love, a bark-deep tryst
In letters carved to the trunk --
A scar still yearning but almost healed.

Time swirls to a different wind
Leaves stirring, trailing, reaching like fingers
And the perfectly handwritten letters
Fervently written and read, resting
In peace now; leaves, pages, of light and dreams
Buried deep in silent, dusty drawers.

## LUKE WHITINGTON, ITALY UNVEILED

Il cancello di ferro del Giardino di Boboli di quei giorni
Dondolava, cigolava
Alla vampata di canto 'uccellesco'. --
Il richiamo di flauto di uccelli da tanto tempo fa --
Il lamento dell'usignolo
Alto nel verde vacillante
Parole eterne, promesse per sempre
Che scorrono a valle ora, scintillii, ancora non sbiaditi.

## *A JOURNEY IN POETRY*

The iron Boboli Garden gate of those days
Swinging, creaking
To bursts of birdsong
A bird's fluted call like long ago -
A nightingale's moan
High in the shifting greenness
Undying words, undying promises
Drifting downstream now, glints, still not faded.

# Firenze; esilio eterno.

[Per Victor Caulfield e Charles Cecil.]

Il tremolio del film continua
La sua venatura incerta fluisce
Sopra di lui, giusto lì, in un angolo
Del caffè di attimi perpetui

Il sole arde con la sua luce
Sui ciottoli di ardesia grigia fuori
Il cappuccino senza essere toccato
Resta vicino a un gomito, il taccuino

È suo attivo complice
In osservazioni scarabocchiate in sussurri d'inchiostro
La vista è tutta rosa
Attraverso gli occhiali da sole – una dolce ironia
Goduta con quella quieta ironia d'esilio

Un dipinto in cartolina d'un emigrato
Mentre le persiane della facciata del palazzo
Si aprono come fisarmonica ancora e ancora, spalancate
Nella scena mattutina; la via, la piazza
I viottoli ocra e i vicoli, lastre di pietra
Ammassate con arte sulla loro via //
Verso obelischi, torri di porte cocenti nella luce del sole – //
Pareti ombrate sotto rami ondeggianti
Dei castagni luccicanti, una brezza del pomeriggio

*A JOURNEY IN POETRY*

# Florence; the constant exile.

[For Victor Caulfield and Charles Cecil.]

The film flickers along
Its uncertain grain flows
Over him, just over there, a corner
In the café of perpetual moments

Sun blazes its light
Over the slate-grey cobblestones outside
The cappuccino untouched
Rests by an elbow, the notebook

Is his complicit participant
To observations scrawled in whispers of ink;
The view is rosy
Through sunglasses – a sweet irony
Enjoyed within the quiet irony of exile

A sober postcard depiction of an expatriate
As the palazzo facade of accordion-like shutters
Opens again and again, flung wide apart
Into a morning's scenery; the street, the piazza
The ochre lanes and alleyways, slabs of stone
Artistically lumped on their way //
toward obelisks, gate towers smouldering in sunlight -- //
walls shaded under shifting boughs
Of shimmering chestnuts, an afternoon breeze

## LUKE WHITINGTON, ITALY UNVEILED

Increspa fra i viticci dei fiori di carote selvagge
Le foglie del platano ondeggiano e dondolano
Come mani grandi – che vanno da questa parte o quella ...
Foglie che continuano a sfarfallare, macchiando //
disegni svanenti sulla pietra

L'ombra del mezzogiorno striscia lentamente accanto alla parete –
La città di una vita lontana //
si rifà di nuovo e lui è sotto il suo cappello
a tesa larga – e cammina verso un esilio eterno
In un labirinto di strade di paesi in cui non crebbe -

E passa davanti monumenti //
Che ha messo negli angoli personali del suo mondo ...
Passa le fontane, le vecchie alte porte della città //
Accanto ai cipressi che mantengono il suo passo
Dietro le alte mura di tenute private  --immagina e dipinge
Muovendosi – ora è piazzato nel suo smarrimento sbiadito

Ora è a suo agio, abbottonato //
Rimboccato in una parte della seppia.
Una parte sua giace nei pastelli //
E nelle lente ombre del pittoresco
Attaccato alle sfumature, i riflessi, //
gli obliqui di una luce più vivace e tenera
Uno straniero, un assaggiatore, uno spettatore //
Uno che nota la vita normale degli abitanti ...

## *A JOURNEY IN POETRY*

Ruffles in amongst the tendrils of Queen Anne's lace
The plane tree leaves swing and sway
Like large hands -- to go that way or to go this way ...
Leaves go on flickering, sweeping //
vanishing patterns over the stone

The midday shadow creeps along close by the walls –
The city of a life away //
is reforming once more and he under his wide
Brimmed hat -- is now walking perpetually into exile
Into the maze of streets in towns he didn't grow up in -

Past the monuments //
he has set into personal corners of his new world ...
Past the fountains, the high old city gates, //
beside the cypresses silently keeping pace
Behind the tall walls of private estates -- he imagines and portrays
As he moves - now he is ensconced in his faded lost-ness

Now he is comfy, buttoned up, //
tucked into a part of the sepia.
A reclining part of him set in the pastels //
and slow shadows of the picturesque
Attached to the shades, the reflections, //
the slants of brighter and softer light
A stranger, a taster, a watcher, //
a noticer of normal native lives ...

## LUKE WHITINGTON, ITALY UNVEILED

Quelli che sventolano e fluiscono intorno a lui – //
sono a casa loro, così comodi nei loro ambienti –
E lo vedono per quello che è diventato; //
Una specie di portone lasciato socchiuso
Un'apertura su un altro mondo //
dove loro forse potranno solo entrare a metà, //
E lui essendo l'angolo strano
Lì, il nodo, la forma confusa //
Quella cosa strana sulla superficie che ripercorrono –

Assorbe, vede e possiede //
tutto quello che può --
Scarabocchia, abbozza, sempre, sempre registra --
Tutto quello che vede, che immagina dal suo posto
Un vagabondo fra epoche //
di abbellimenti mezzi scordati

Eccessi valorosi, //
Modellature rampanti di un passato araldico ...

Nella sua memoria di casa le facce non cambiano
Non invecchiano, perfette immagini di gente e luoghi
Per sempre nel loro vecchio posto – //
cartoline abbozzate ora fra pareti sfaldate
Le nicchie sopra la sua testa //
Piene di busti ormai luridi e invecchiati

Con strati di polvere, //
il peso del tempo di ombre e depositi purpurei.

## *A JOURNEY IN POETRY*

Those that drift and flutter about him - //
familiar, so easy with their surroundings --
And seeing him for what he has become; //
a kind of doorway left slightly ajar
An opening to another world //
they might only ever half enter, //
and he being the odd angle
There; the burr, the blur; //
the odd one on the surface they cross and recross -

Absorbs, watches and possesses //
everything that he can -
Scribbles, sketches, always, always recording -
All he sees and imagines from his place
A wanderer amongst ages //
of half-forgotten embellishments

Brave excesses, //
rampant mouldings of the heraldic past ...

In his memories of home the faces don't change
Ageless, faultless images of people and places
Forever take their old place - //
postcards sketched now between flaking walls
The niches above his head //
filled with busts made lurid and aged

With the layers of dust, //
time's weight of shadows and purplish deposits.

## LUKE WHITINGTON, ITALY UNVEILED

Più volte vede le espressioni di là
I sorrisi di stupore alla sua idea scandalosa
Di un esilio in vie ignote – //
in quelle città di gente distante –
L'idea intera di essere alla deriva con la nuance di un altro paese
Egli li immagina ora, parlando di lui, forse

Nel traffico umano ingorgato; il lento, fiume scintillante di macchine
E guarda annoiato le finestre dei negozi
Da ogni lato, o più in su, a lastre di vetro alte
Disegni artificiali che rispecchiano //
la turbolenza indomita delle nuvole
E tra questo forse, //
Nel quieto buio di un negozio di antiquariato - adocchiano
Un busto di un giovane su un piedistallo, //
Che guarda senza occhi, un passo indietro //
alla luce del passato.

## *A JOURNEY IN POETRY*

He sees again and again the expressions back there
The smiles of amazement at his outrageous idea
Of an expatriation into unknown streets - //
into those cities of far off peoples --
The whole notion of being adrift with the nuances of a different land
And he imagines them now mentioning him, perhaps

In the crawling human traffic; the slowing, glinting river of cars
Looking in boredom into the shop windows
On either side - or higher, up sheets of climbing glass
Man-made patterns mirroring //
an untamed turbulence of clouds
And through it perhaps, //
in the dim quiet of an antique shop - they glimpse
A bust of a youth on a pedestal, //
gazing, eyeless; a step back toward //
the light of the past.

# Bomarzo.

Su una cresta antica
Gli ulivi ondeggiano, prima di qua
Poi indietro di nuovo, la primavera
È scoppiata, tornata di nuovo
Per spazzare via un arido vuoto di foglie.
Sotto il precipizio di mura medievali, la gola –
Calderone del conflitto vorticoso del vento –

Freme con sussurri e verde silenzio.
Smeraldi di luce in uno scintillio di foglie, che sale
Le ripide terrazze – una voce solitaria sveglia
La ripida, echeggiante goccia
Con una frase gettata giù
Che poi rimbalza, fino a sopra

Gettata giù così profondamente
Fino a quei mostri fatti dall'uomo
Sirene di pietra, muse, dee
Centurioni ed elefanti infuriati
Caverne con bocche, silenziose e rimbombanti
Tutti attori muti, contorti in silenzio fino alla vittoria, gioia o dolore

Ora getti un pensiero
Una pietrina senza peso, un fardello, un impegno
Nel cielo, e la guardi cadere
Lentamente arcuandosi giù
Tenendo il proprio silenzio
Tenendo il suo segreto
Ancora tacito, non condiviso, in uno scrigno nella tua mente.

# Bomarzo.

On the ancient ridge
The olives flail, one way
Back and over again, spring
Has burst open, returned once more
To shaking out a barren, leafy emptiness.
Below the precipice of medieval walls, the gorge --
Cauldron of the wind's whirling strife --

Seethes whispers and green silence.
Emeralds of light in a glitter of leaves, climbing
The steep, terraced sides - a single voice wakes up
The steep, echoing drop
With a phrase flung down
Ricocheting back, all the way back

Thrown as far down below
As the man-made monsters
Stone mermaids, sirens, goddesses
Centurions and rampaging elephants
Caves with silent, loud roaring mouths
All actors mute, writhing in silence to victory, joy or pain

Now throw a thought
A weightless stone, a burden, a care
Into the sky and watch it fall
Slowly arching down
Keeping its own silence
Keeping its own secret
Still unsaid, unshared, enshrined in your mind.

# Afrodite?

Allora finalmente, sei saltata
Testa sopra un'onda in cresta
La luce sul tuo dorso
Come un delfino
Che curva giù

Svanendo nella spuma.
Era come se un velo fosse
Stato tirato
E gettato via, e da
Una luce costante

Ho guardato nel tuo
Mondo di luce piovente
Attimi versati quando
Guizzavi da ragazza a pesce
Da pesce a ragazza, e poi

Mi sono ricordato
Di te, che cammini fuori dal mare, le punte delle dita gocciolanti
Fianchi che luccicano scintillii di luce;
I ruggiti tremano in goccioline d'acqua
Il tuo bacio – una miscela di granelli di sabbia, acquolina e sibili.

# Aphrodite?

So you leapt at last
Head out of a cresting wave
Light on your back
Like a dolphin
Curving down

Vanishing into the foam.
It was as if a veil had
Been drawn back
And cast away and from
An unswerving light

I looked into your
World of raining light
Moments pouring when you
Flickered from girl to fish
Fish to girl, and later

When I remembered
You walking out from the sea, fingertips dripping
Hips glistening sparkles of light;
The roars shaking in droplets of water
Your kiss - a mix of grit, saliva and hisses.

# Roma, Ferragosto.

Quasi acceso, un barile ricoperto dal tempo, sembra
che stia per saltare e poi volare
Via al di sopra della luce avvolgente dei lampioni

Castel Sant'Angelo
Tomba di un imperatore dilaniato dalle epoche
Faccia sul Tevere, la sua ombreggiata pietra di giallo viola

Sotto questo immobile cielo di scuro blu, nel chiaro di luna –

I baluardi sotto le volte dei ponti
Si spiegano in salti di artificio misurato e uguale //
attraverso il fiume indolente
I secoli arrivano a passi da giganti, //
finora ritenuti addormentati --

Una vespa solitaria fila il suo nastro di note cinguettate
Sotto gli alti ombrelli di luce, //
in fila lungo la riva del fiume,
Poi svolta e sparisce in un viottolo, //
stridendo in un vuoto di nerezza.

Roma è tranquilla sta sera, //
messa a tacere, non dalla svelta fretta abituale, né dal timore
I barbari non sono accampati fuori dalle sue porte borchiate
Ma semplicemente perché di colpo oggi //
la città s'è svuotata
Il primo giorno di agosto le piazze //
sono diventate all'improvviso fosche
Abbandonate perché il popolo svanito
Ora si fa il bagno ad Ostia, o è sdraiato su altri lidi

# Roma, Ferragosto.

Almost smouldering, a time-encrusted barrel, seeming
Just about to lift and then fly
Away above the street lamps' shrouding light

Castel Sant'Angelo
Ages-clawed tomb of an emperor
Faces the Tiber, its shadowed stone a puce yellow

Under this motionless, deep blue, moonlit sky --

The bastions under the vaults of the bridges
Fan out in equally measured leaps of artifice //
across the sluggish river
The centuries arriving, in leaps and bounds, //
up until now thought to be asleep --

A lone vespa threads its ribbon of warbling sound
Along under high lamp's umbrellas of light, //
down beside the river's length
To swerve and vanish into an alley, //
screeching into a vacuum of blackness.

Roma is quiet tonight, //
silenced not by habitual, nimble haste or by fear
Barbarians are not camped outside its studded gates
But simply because the city //
has been suddenly emptied today
On the first day of august the squares //
have become at once sombre
Abandoned because the vanished populus
Now bathes at Ostia, or reclines at other lidos

## LUKE WHITINGTON, ITALY UNVEILED

Del litorale mediterraneo verso nord

Fermandosi per promontori freschi e insenature e //
di nuovo verso nord
Oltre l'Elba e la più alta punta della Sardegna
Cittadini di Roma che si fanno il bagno come una massa di migranti
Stranieri tutti al loro agio nelle stesse onde //
che si gonfiano al sud verso Agrigento
O da Positano alla Liguria e poi ancora fino a San Remo

O si siedono sotto ombrelloni //
Con bevande alcoliche frizzanti, o l'ultimo di un fritto misto
Poi contemplano la fragilità, scintillante, sopra e sotto
I promontori ripidi vicino Bocca di Magra, o
Da qualunque villaggio sospeso, cubi e rettangoli cadenti di pastello
Sopra le terrazze di vigneti dei cinque paesi, le Cinque Terre.

Qui nella capitale, il calore d'agosto è pesante
Come una lastra piatta e larga, sopra i tetti della città
Quelli che hanno scelto di restare//
non sono qui per condividere alcuna gioia speciale
E non trovano gradevole troppa attenzione –
Parti per il mare perché hai il denaro per pagare
Tutto quello che serve – la tua assenza è la tua affermazione
Che ce l'hai fatta, hai fatto bene, finora tutto bene –
Per il resto tieni il tuo capo un po' chinato
E speri che il tuo vicino non ti noti – //
che diavolo sta facendo qui!

Amo in questo tempo passeggiare //
tranquillamente per la fontana di Trevi

La spuma d'acqua riempita di luce liberata
Dalle voci brulicanti, rigurgitanti --gli Dei e i gladiatori

## *A JOURNEY IN POETRY*

On the Mediterranean coast progressing north

Pausing through cool headlands and inlets and //
further north again
Past Elba and the topmost tip of Sardinia
These citizens of Rome bathe as a mass of immigrants
Strangers at home in the same waves //
swelling down to Agrigento
Or from Positano up to Liguria and as far again as San Remo

Or sit they sit under umbrellas //
With fizzy alcohol drinks, or the last of a fritto misto
To contemplate the brittleness, shimmering far over, below
The steep headlands off Bocca di Magra, or
From any suspended village, its falling cubes and oblongs of pastels
Above the vinyarded terraces of the five lands, the Cinque Terre.

Back here in the capital the heat of august weighs down
Like a wide, flat stone over the town's rooftops
Those that do stay behind //
are not here sharing any special joy
And do not welcome too much attention --
You go away to the sea because you can afford to pay
Whatever it takes --your absence is your affirmation
Saying you have made it, done well, all so good so far --
Otherwise you keep your head a notch down
And hope your neighbour does not notice you - //
what the hell is he doing here!

I love this time to stroll //
unhurried around the Trevi fountain

The spumes of light-filled water rise unfettered
By the milling, regurgitating voices – the gods and gladiators

## LUKE WHITINGTON, ITALY UNVEILED

Bianca come bianca può essere il due di agosto, //
sembrano meno tesi

Una volta che la folla di spettatori è partita ...
Ora avanti - a un altro dove, //
con occhi che vagabondano probabilmente
Su altri oggetti di venerazione, le auto italiane lucenti e scorrevoli
La parata di collane scintillanti al sole, enormi croci
balzanti, bilanciate a loro posto //
fra quasi nudi seni di donna

O sotterrati fra peli di torsi maschili arruffati --

Sta sera mi trovo seduto fra cerchi di tavoli abbandonati
Sotto il mio ombrello lasciato aperto per il peso del sole di domani
La luna non si alza sta sera, //
le nuvole grumose come un grande piumino
Che mantiene la torridità dell'aria torpida, in movimento lento
Sopra le teste di quelli mancanti ma ricordati

Spariti quasi tutti tranne una delle vespe
Che vespa girando per la fontana centrale
Ora si ferma per una vista incontestata
Gli schizzi tintinnanti, come le stridenti e fragili risatine di bambini

Mi prendo un sorso di fresco, gelido Limoncello, //
e gusto il mosaico scintillante
Sulla facciata di Santa Maria in Trastevere
Talvolta i lievi schizzi della fontana //
mi portano verso il mare
Ma un altro schizzo più forte, //
mi trascina di nuovo alle curve delle sedie
Qui nel mio auditorium, //
la notte deserta e l'opera della fontana, sono tutte mie.

## *A JOURNEY IN POETRY*

White as white can be on the second day of august, //
seem less tensed

Once the mob of gawkers has gone ...
Now off to somewhere else, //
eyes roaming probably
Over other objects of veneration, the sliding sleek Italian cars
The parade of sunlit, glittering pendants, gross crosses
Jiggling, juggling a place //
on nearly naked women's breasts

Or buried in the hair of bristling male torsos --

Tonight I sit amongst the circles of abandoned tables
Under my umbrella, left open for the weight of tomorrow's sun
The moon will not appear this night, //
the clouds lumpy like a big duvet
Keeping in the sweltering, torpid air, shifting slowly
Over the heads of the remembered absent

Gone nearly all but one of all the circling vespas
Wasping around the central fountain
Now it pauses in uncontested view
The tinkling splashes, shrill like children's brittle laughter.

I sip my cool, frosty Limoncello, //
and savour the glittering mosaic
On the facade of Santa Maria in Trastevere
Occasionally the fountain's faint splashes //
take me towards the sea
But another louder splash, //
slaps me back to the curves of chairs
Here in my auditorium, //
the empty night and the opera of the fountain, is all mine.

## Rita, domani.

A Firenze, ci troveremo ancora
Povera donna bambina
Uccisa dal desiderio e dall'avidità dello spacciatore

I tuoi capelli henné ardenti
Che arrivavano fino ai tuoi fianchi
Fiamme si soffermano nel tuo desiderio; la tua canzone ardente

Con magia ruvida, gridata e cantata; //
Miele luccica su labbra azzurre.
I giri del tuo corpo; gravità dondolante nei tuoi lombi
I tuoi fianchi bilanciati, il tuo abito tirato e luccicante

Smeraldi luccicano; lustrini svolazzano a note azzurre.
Ci rivedremo ancora carissima, cantante bellissima
E mi rannicchierò sotto gli occhi feroci della tua mente

E raccoglierò con le dita, foglie di una canzone bruciata
Suoni che si capovolgono, lentamente giù
Dorati ora, cadendo da una bocca ferita.

Braccia ondeggianti, aria piena di suoni, mi ricordo che le notti
Di jazz erano magiche fino a quando non sei morta
Ero egoista e non ho – non avrei condiviso –

Anche inosservato fra gli altri, neanche per un momento
Avrei potuto condividere l'ultima canzone sulle tue labbra, //
persa così decisamente?
Fiati che cadono incerti –//
parole blu notte che avevo imparato a memoria

# Rita, tomorrow.

In Florence we shall find each other again
Poor woman-child
Killed by a dealer's greed and desire

Your henna hair burning
Down as far as your hips
Flames linger in your desire; your song crackling

With rough magic, shouted and sung; //
honey glistens on blue lips.
Your body's gyrations; gravity rocking in your loins
Your balancing thighs, your stretched spangled dress

Emeralds shimmer; sequins swirling to blue notes.
We shall meet again my dear, lovely singer
And I will crouch under your eyes' fierce mind

And gather with fingers, leaves of a burnt song
Sounds turning over, slowly down
Gilded now, falling from a wounded mouth.

Arms swaying, air full of sound, I remember the nights
Of jazz were magical until you died
I was selfish and I did not -- would not share --

Even unnoticed amongst the others, not for a moment
Could I share the last song on your lips, //
lost so finally?
Breaths falling away faltering - //
night-blue words I had learnt by heart

## LUKE WHITINGTON, ITALY UNVEILED

E sapevo come sussurrare – //
Un mimo logorato di una delle tue canzoni
Che sarebbero state sempre mie; //
e che già mai verrebbero cantate ad alta voce.
Mai tornerò per trovare il tuo sepolcro, //
E mai mi fermerò, con i piedi nell'ombra
Ritornerò al posto dove cantavi //
e mi scioglierò in parole appassite.

## A JOURNEY IN POETRY

And knew how to whisper - //
a ragged mime of one of your songs
That would be mine always; //
and never be sung out loud.
I will not go back to find your grave, //
nor stand, my feet in shadow
I'll go back to the place where you sang //
and melt into the faded language.

# Parte terza

*A JOURNEY IN POETRY*

# Part three

## Cappuccino e torta di mandorle.

Il passato non è mai passato
Galleggia in qualche specchietto retrovisore
O resta appiccicoso qui sulla punta della mia lingua –
Ora traballa nel bicchiere davanti ai miei occhi
O si trova sotto alla mia mano o a un tovagliolo piegato
Trattenendosi, radioso, risplendendo altrove

In tante cose – un bicchiere di grappa, //
un profumo di vino che girovaga,
Famosamente – in un piccolo biscotto di un francese provinciale
Oggi mordicchio un biscotto italiano alle mandorle
Una vigna toscana è qui nella *raison*
Una mandorla friabile è come la *faux* resistenza

Delle tue dita; curve in attesa sul lino damascato
O che accarezzano senza pensarci il cotone umido, //
consistenze che ricordo
Di aver toccato – come la lenta impronta dei tuoi baci
Il sapore di labbra, brunite di more, maturate
Dal bere vino di campagna robusto //
Pensieri sonnolenti dell'estate
Memorie inzuppate di vapori //
Sorteggio ancora la forma del tuo sospiro, della tua coscia

## Cappuccino and almond cake.

The past is never past
Floating in some rear-view mirror
Or sticky right there on the tip of my tongue -
Now it wobbles in a glass before my eyes
Or is under my hand or a folded napkin
Lingering, glowing, shining elsewhere

In many things --a glass of grappa, //
a circling whiff of wine --
Famously -- in a provincial Frenchman's little biscuit.
Today I nibble an Italian almond biscuit
A Tuscan vineyard is there in the *raison*
An almond crumbling is like the *faux* resistance

Of your fingers; curling expectant on damask linen
Or absently stroking moist cotton, //
textures I remember
Touching -- like the slow imprint of your kisses
The taste of lips, blackberry-burnished, ripened
From drinking robust country wine; //
summer drowsing thoughts
Vapour drenched memory; //
I sip again the shape of your sigh, your thigh

## LUKE WHITINGTON, ITALY UNVEILED

Sotto tessuti fini, umidi; torsi attorcigliati; lingue
nuotando in un liquore di desiderio e gentilezza e
Stranezza; acquolina un elisir dolce-di-miele in bocche piene
Chi lo dice che il passato è morto? Mi asciugo la fronte
Il profumo di memoria si trattiene, //
Fa una pallida macchia sul mio tovagliolo

E la mia tazza chiacchiera contro il suo piattino
Nel piccolo oblò di schiuma scolata
Tracce cremose dimostrano che la mia fortuna fu già narrata;
Attimi che accadranno presto, girano in caramelle schiumose
Un futuro vorticato da circostanze casuali; odori
Sapori e sensazioni –
Che promettono più luce, più ombra in una vita italiana.

## A JOURNEY IN POETRY

Under damp, fine fabric; twisted torsos; tongues
Swimming in the liqueur of lust and kindness and
Strangeness; saliva a honey-sweet elixir in crowded mouths -
Who said the past is dead? I wipe my brow
The scent of memory lingers, //
makes a pale stain on my napkin

And my cup chatters back into its saucer.
In the little porthole of drained froth
Creamy streaks show my fortune has been told;
Moments to happen soon, circle in frothy caramels
A future swirled from random circumstances; scents
And flavours and textures -
Promising more light, more shade in an Italian life.

# Roma ad Agosto.

I tuoi passi diventano un dialogo solitario
Echeggiano attraverso la piazza
Dove sono i tavoli dei bar?
Dove sta il dramma quotidiano?

Il gesticolare, gli schiaffi sulla fronte
Le dita che accoltellano guance
O sono sfregate insieme nell'aria –
Non un solo tavolo, né un ombrellone in evidenza
Niente tintinnio alticcio di bicchieri
Né le onde di risonanti risate

Assolutamente nessuno, non c'è alcun sussurro di anima qui
Nessuno guarda dai balconi
Nessuno fissa le croci fiammanti
I santi hanno perso la loro voce
I fedeli sono partiti.

Un gabbiano solitario, in esilio da Ostia
Gira la piazza, poi vola avanti e indietro
Un pendolo lasciato oscillare sotto la luce
Del cielo infinito, vola
Invitando l'invidia, che richiama i tuoi occhi a seguire

La fontana, malgrado il suo splendore
Schizza tristemente, un orologio per il silenzio in fioritura

# August in Rome.

Footsteps become a solitary dialogue
Echoing across the square
Where are the café tables?
Where is the every-day drama?

The gesticulations, slapping of foreheads
Fingers stabbing a cheek
Or rubbed together in the air --
Not one table, not one umbrella in evidence
No tipsy tinkling of glasses
No waves of resounding laughter --

Absolutely no one, not a soul whispers here
No one gazes from balconies
No one stares up at the crosses ablaze
The saints have lost their voice
The faithful have gone away.

A lone seagull, exile from Ostia
Circles the piazza, then flies back and forth
A pendulum set loose under the light
Of uninterrupted heaven, flight
Inviting envy, luring your eyes to follow

The fountain, despite its splendour
Splashes forlornly, a timepiece for flowering silence.

## LUKE WHITINGTON, ITALY UNVEILED

Sotto le urla incredule del gabbiano
Senti un disagio interiore, tu, padrone
Di una piazza vuota, antica, completa con
Il suo pubblico di statue, santi, Dei e guerrieri
Tutti fissi e incrostati nell'immortalità, dove la pietra
È l'àncora per questo silenzio//
Dove la pietra è l'unico testimone rimasto.

Un intruso in un mondo di silenzio bizzarro
Oppure è un sogno, un'illusione? –
Guarda come il tuo passo si allunga e si alleggerisce
E la gravità si scansa.
Non sei più veramente uno straniero ora
E sai perché la città è vuota ad Agosto

Ma l'improvvisa scomparsa
Di rumori e voci ti scuote sempre lo stesso
Nel silenzio dell'assenza, vedi
La grande urna di marmo alla fine di una strada
In un altro viale, una fontana zampilla per nessuno
E perdi la tua così distante musa, tua Romanina
Sdraiata su qualche spiaggia fiammante di Liguria
Occhi verdi strizzati al mare, una Venere scura
Diventata del tutto marrone cacao
Mitologia ben fatta e sistemata in un bikini mandarino –
Qui nelle strade che hanno perso voce
Lotti contro un'oscurità di parole

## *A JOURNEY IN POETRY*

Beneath the incredulous cries of the gull
You sense an inner discomfort, you, master
Of an empty, ancient square, complete with
An audience of statues, saints, gods and warriors
All unblinking, encrusted in immortality, where stone
Anchors this silence, //
where stone is the only witness left.

An intruder in a world of bizarre silence
Or is this a dream, an illusion? --
See how your stride lengthens and lightens
And gravity is brushed to one side.
You are not quite a foreigner now
And you know why the city is empty in August

But the sudden disappearance
Of sound and voices shocks just the same
In the silence of absences, you see
The great marble urn at the top of one street
In another Viale, a fountain splashing for no one
And you miss your muse so distant, your Romanina
Idling on some blazing Liguria beach
Green eyes squinting at the sea, a swarthy Venus
Getting cocoa-brown all over
Shapely mythology ensconced in a tangerine bikini --
Here in streets that have lost their tongues
You grapple with a darkness of words

## LUKE WHITINGTON, ITALY UNVEILED

Fili di frasi dove il tuo protagonista
Pianifica di rubare una statua, quella
Che si rannicchia nella Piazza Navona e una mano che nasconde
dagli occhi un pezzo di architettura mediocre –
Il racconto non si vuole formare, forse dovresti
Andare in spiaggia,//
una mano alzata per coprire i tuoi occhi dal caldo

Il tempo passa in un silenzio morto
Ti senti come un cucciolo lasciato indietro
In cerca di un portone che si apra a pianti dolenti
Schizzi indecisi dalla fontana svaniscono mentre
Cammini nei vicoli stretti, una scorciatoia
Sotto statue indifferenti,//
Un prete solitario guarda, fissa il duomo
Poi attraversi l'ultima piazza fino al tuo portone –

Hai qualche parola in più per il tuo racconto, le ripeti
Mentre sali i gradini di granito
Poi la porta e poi
Entri nel buio fresco della tua stanza.
Dalla finestra che apre sulla piazza
Guardi il gabbiano che ancora va in picchiata
Si appollaia, poi vola intorno ai capi degli imperatori
E non si vede una crosta di pane da nessuna parte.

## *A JOURNEY IN POETRY*

The threads of sentences where your protagonist
Is planning to steal a statue, the one
That crouches in Piazza Navona, a hand shielding
Eyes from a piece of mediocre architecture --
The story won't form, maybe you should
Head for the beach, //
shielding your eyes from the heat.

Time goes limp with silence
You feel like a puppy that's been left behind
Looking for a doorway that opens to woeful whining
Desultory splashes from a fountain fade behind
As you walk the narrow alleys down a shortcut
Under indifferent statues, //
a lone priest staring up at a dome
Then the last piazza crossed to your palazzo door --

You have a few more words for your story, you repeat
Them as you climb up the rising granite steps
Then the door and then
Into the cool gloom of your room.
From the window onto the piazza
You watch the seagull still swooping
Perching to circle on emperors' heads
And not one crust of bread to be seen anywhere.

## LUKE WHITINGTON, ITALY UNVEILED

Al tuo tavolino seduto con un bicchiere d'acqua ghiacciato
Pensando pensieri di una vita intera; isole vaporose
Nel ruscello dell'essere, le ombre delle nuvole si muovono
Attraverso la piazza, anche le ombre dei pensieri
Vagabondano, qui o lì, dentro e fuori dagli angoli di curiosità
La memoria va a caccia di nuovo, lontano o vicino casa
Ma questa è casa? Perché sei qui?
A cosa serve? Che scopo ha questo viaggio?

Cominci a mettere le parole sulla pagina, //
i mormorii delle lettere sono più forti
Nel silenzio lugubre sei altrove ora
Sei con il grande poeta romano
Trilussa, da solo finalmente
Proprio nel cuore della rimarchevole e vuota città
Perfettamente completa, //
Come un uovo solitario trovato in un nido vuoto
Il silenzio un ricordo, un'accettazione
Di solitudine, come una rondine, sei tornato
Allo stesso trespolo; le isole del tempo rotolano avanti.

## *A JOURNEY IN POETRY*

At your little table you sit with an iced glass of water
Thinking a life of thoughts; vaporous islands
In the stream of being, clouds' shadows move
Across the square, thoughts' shadows
Also roam, here or there, in and out of curiosity's corners
Memory prowls again, far off or close to home
But is this home? Why are you here?
What does it serve? What is the purpose of this journey?

You begin to write down words, //
letters murmurings are louder
In the eerie silence, you are in another place now
You are with the great Roman poet
Trilussa, standing alone at last
At the very heart of the remarkable, empty city
Perfectly whole,//
found like an egg alone in an empty nest
The silence a reminder, an acceptance
Of solitude, like a swallow, you have returned
To the same perch; the islands of time turning onwards.

LUKE WHITINGTON, ITALY UNVEILED

# Le rondini dentro.

Anche se le fette
Di prosciutto di Parma sono setose
Anche se il vino d'Umbria
È rubino e profuma in modo allettante
Di bacche, di prugne e della ricca terra solcata --

Il fico delizioso – le tue labbra sono stanche
Senti una rondine stanca dentro te stesso
Un essere che gira in una stanza della tua mente
Che si scontra ancora contro il vetro – cosa
Risveglierà i tuoi sensi – e ti rialzerà alla vita di nuovo?

O svolterà la ruota dei tuoi pensieri
E salperai, leggiadro da un precipizio?
E cadrai ruggendo fuori dall'essere?
Lei sta in piedi nella luce dell'uscio
Corpo, pelle, lucidi in cotone fino

Capezzoli, sottili, sbavature sospese
Una coscia offerta, provocante e classica
[Chi credi di essere – "Venere
della vista" – Per caso?]
Stai tentando i tuoi capezzoli
Come vecchie ferite, croste – tirandole

Come un gioco per veder chi si tira in picchiata per prima?
La rondine nascosta si sposta
Svolazza dalla tua oscurità, e plana
Fuori verso lo scintillio nei suoi occhi
Alzi la forchetta; amando
Il grasso gocciolante -- accoppiato perfettamente al magro.

# Swallows inside.

Even though the sliced
Parma ham is silky
Even though the Umbrian wine
Is Rubesco and smells temptingly
Of berries, plum and furrowed chernozem --

The fig delicious -- your lips are tired
You sense a fatigued swallow inside you
A creature circling a room of your mind
Colliding again with glass - what will startle
Your senses -- to come alive again?

Turn the wheel of your thoughts
And sail, weightless over a cliff?
Fall roaring out of being? --
She stands in the light of the doorway
Body, skin, glazed in weightless cotton

Nipples, subtle, suspended smudges
A thigh offered, classically provocative --
[Who do you think you are -"Venus
Of the View" -- By any chance?]
You are teasing your nipples
Like old wounds, scabs -- plucking them

Like a game to see who swoops first?
The hidden swallow stirs
Flutters from your darkness, glides
Out toward the sparkle in her eyes --
You lift your fork; loving
The filmy fat - married perfectly, with the lean.

## Divertimenti autunnali.

Parlavamo in fichi
Pelandoli poco a poco
Gustando la polpa rosa porpora
La matura, stagionata dolcezza

Il rosso rubino del Torreggiano
Ruotato per noi un un bicchiere
Nudo, setoso, del rosso più profondo, meglio
Del Chianti, sorrisi ora anche più rossi

Sorseggiamo gocce lente della sua polpa tonda --
Le vigne ci invitano a salire
Svoltando, mezze-dorate, sulle colline
Foglie che, come noi, si ammorbidiscono

In pensieri vaganti, indossavamo
I colori fulvi dell'autunno
Foglie di pensiero che cadono
Sussurri su di noi – tranquillità che matura

Nei nostri sorrisi, ubriachi
Di gioia
Parlavamo di fichi, dei sapori dei fichi
E abbiamo gustato il nostro dolce rubino stagionale.

# Autumn frolics.

We spoke in figs
Slowly peeling off the skins
Relishing the purple-pink innards
The ripe, seasonal sweetness

The ruby red Torreggiano
Rolled about in the glass for us
Naked, silken, deepest red, better
Than Chianti, smiles even redder now

Sipping slow trickles of its round flesh -
The vineyards above invited us
Veering, half golden, up the hillsides
Leaves mellowing like us -

In drifting thoughts we wore
The tawny colours of autumn
Leaves of thoughts falling
Whispering down about us -calm ripening

In our smiles, drunken
With happiness
We spoke of figs, in tastes of figs
Relishing our ruby seasonal sweetness.

## Come gli occhi di Saffo.

Il calice della luna
È inclinato sta sera
Come gli occhi di Saffo
Pieni di luce

Un cielo notturno con grappoli di stelle
Che luccicano voluttuosamente
Fluiscono in altre galassie
Fluiscono in un tempo che va oltre noi

Ma la dorata luna
Con le sue curve richiamanti
Il suo sorrisetto
Il suo calice di stelle galleggianti, rapisce

Le nostre menti, però, ti avviso
Un cicchetto in più del chiaro di luna
E la pazzia antica, tornerà
Pensieri balzanti, dondalate libere

Sui raggi di luna
Piedi pedalanti nell'aria di mezzanotte
Stelle superate da febbre lunare –
Soccomberemo? –

Decideremo di volare?
Prendendo il volo su un sogno
Andiamo in alto fino al pianeta Tango
Per più lezioni balzanti e intergalattiche?

# Like Sappho's eyes.

The moon's chalice
Is tilted tonight
Like Sappho's eyes
Brimming with light

A night sky clustered with stars
Shimmering voluptuously
Flowing onward into other galaxies
Flowing into time beyond us

But the golden moon
With her beckoning curve
Her lop-sided smile
Her chalice of drifting stars, entrances

Our minds, however, be aware
One tipple more of moonlight
And ancient lunacy will return
Thoughts leaping, swinging free

On beams of moonbeams
Feet peddling through the midnight air
Stars outshone with lunar fever
Shall we succumb? -

Shall we decide to fly?
Catching a dream-glide
As high as the planet Tango
For more intergalactic, prancing lessons?

## LUKE WHITINGTON, ITALY UNVEILED

Abbastanza è sufficiente ma
Troppo è molto
Qualche tizio sobrio ha detto; e di solito
Un calice di chiaro di luna o di liquore

È più che sufficiente, no, no, rispose un altro
Solo un sorso o due, di più non serve
Basta per ballare il tango
Di pazzia ebbra, dorata di chiaro di luna.

## A JOURNEY IN POETRY

Enough is sufficient but
Too much is plenty
Some sober fellow said; and usually
A chalice of moonlight or moonshine

Is more than enough, no, no, said another
Only a sip or two, no more required
Is plenty enough to dance the tango
Of moonlit, gilded, legless lunacy.

## Una stanza addormentata.

[In memoria di Eugenio Montale.]

Fuori, i fiocchi svolazzano
Verso un altro luogo, un altro destino
Non più qui.
Cerca l'ombra di un poeta
Di adattarsi, di trovare il suo solito posto. Dov'è
L'autore? – Il fiato precedente
E la vita di questo profilo svanente?

È l'anima un inquilino
Ora volato via, per appollaiarsi
Di nuovo, in un altro reame?
È vuoto il bicchiere accanto al letto
la dose di vita, già inghiottita?

Questo silenzio fatto di traboccante vuoto
Una volta pieno di tempo maturante –
Qualcuno piangerà o si lamenterà
Quando inciampando entreranno e scopriranno
Tutte queste cose, ora reliquie fredde, addormentate?

Tutto in questa stanza
Che serviva a uno scopo
Ora muto, niente appartiene qui
Solo l'ultima delle luci aderisce amorosamente
E nella finestrella
La neve ha smesso di svolazzare --

E scordato, in un angolo quieto
Un cero singhiozza ombre.

# A room fallen asleep.

[In memory of Eugenio Montale.]

Outside the snowflakes whirl
Toward another place, another destiny
Here no longer
Does a poet's shadow attempt
To fit in, find its usual space. Where
Is the author? --The former breath
And life of this fading outline?

Is the soul a tenant
Now flown, to perch
Once more, in a different realm?
The glass beside the bed
Is empty, the dose of life, since swallowed?

Silence is this brimming emptiness
Once a fullness of ripening time --
Will someone cry or weep
When stumbling in and they discover
All these things, now cold relics, gone to sleep?

Everything in this room
That served a purpose
Is mute, nothing belongs
Only the last light lovingly clings
And in the little window
The snow has stopped swirling --

And forgotten, in a corner of this quiet
A candle is sobbing shadows.

*LUKE WHITINGTON, ITALY UNVEILED*

# Lettera ad un'amica, a Firenze.

Ti invidio quelle ombre
Quando la città di pietra
Diventa bronzea e le cupole
Splendono in attimi mortali
Il tempo svanisce sulle colline d'ulivi in fondo.

Che può far' la luce, vagando nell'alba
Su superfici umili, attraverso
I ciottoli, in salita su mura intonacate
Di facciate ornate, luccicando, scivolando
Su griglie di ferro, fuse in attimi
Una passata dorata al crepuscolo
Gocciolante dalle vie tortuose --

E sempre, notte e giorno
Il fiume ridacchia, rimbomba
Dolcemente sotto il ponte più vecchio
Dove Cellini, sul suo piedistallo, tiene d'occhio
Come le nuvole e il cielo, in una bella giornata

Giocano; e l'acqua scorre
Sotto; impaziente per più storia antica
E così via, fugge, fluendo a Roma.
Invidio le tue passeggiate nel Giardino di Boboli
L'ordine, la cura; //
così tanta verde speranza in geometria artistica

*A JOURNEY IN POETRY*

# Letter to a friend, in Florence.

I envy you those shadows
When the city of stones
Turns to bronze and domes
Shine for mortal moments
Time fading over the hills of olives beyond.

What light can do, roaming at dawn
On humble surfaces, across
Cobblestones, rising on plastered walls
Of ornate facades, glinting, slipping
On iron grills, molten for moments
A golden wash at dusk
Seeping out of winding streets --

And always, night and day
The river chuckles, resonates
Sweetly under the oldest bridge
Where Cellini, on his pedestal, keeps an eye
On how the clouds and sky, on a fine day

Misbehave; and the water rushes on
Underneath; anxious for more ancient history
And so on, travelling, flowing down to Rome.
I envy you your walk in the Boboli gardens
The order, the care; //
such green hope in artful geometry

## LUKE WHITINGTON, ITALY UNVEILED

Le siepi che assorbono
La musica scintillante della luce
Pomeriggi di pini parasoli
Viaggianti nei loro viaggi ottimisti --
Invidio il tuo caffè

Dalla tua sedia preferita, tu, testimone
Del traffico dei fiorentini
Anime intente nei loro giorni di attimi
Passano avanti e indietro con scopo, un primo piano movente
Sulle mura ricoperte di luce

Di tanto in tanto gli occhi si alzano
A una colomba o a un piccione sospeso, ali illuminate
Da un raggio di sole che cade fra i palazzi –
O, qualcuno, uno straniero seduto ovunque

La bella inglese, o, la bella americana
Mezza concentrata sul suo caffè; pensando un pensiero
O per attimi una memoria; l'altra metà inespressa --
Della bella spettatrice, osservata da tutti
In pieno incontro con il tuo sguardo foraggiante

Nelle viottole dei crepuscoli
Aurore e penombre
Sotto cieli migranti
Sento i passi di nuovo
E ricordo dove una volta camminavamo e parlavamo insieme.

## A JOURNEY IN POETRY

The hedges that absorb
The sparkling music of light
Afternoons of parasol pines
Sailing on their optimistic journeys --
I envy you your café

From a favourite chair, you, witness
To the traffic of Florentines
Souls intently going about their days of moments
Passing with purpose back and forth, a moving foreground
To time and light encrusted walls

Eyes occasionally lifted
To a dove or a pigeon suspended, wings lit
In a shaft of sunshine falling between palaces --
Or, someone, a stranger sitting anywhere

La bella Inglese, or, la bella Americana
Half focused on her coffee; thinking a thought
Or a memory for moments; the other unspoken half -
Of the beautiful watcher, watched by all
Meeting your foraging eye directly.

In the laneways of sunsets
Dawns and dusks
Under emigrating skies
I hear the footsteps again
Remembering where we once walked, talked together.

*LUKE WHITINGTON, ITALY UNVEILED*

# Una memoria di voci e onde

Una memoria di voci e onde
Sa del mare salato di Liguria
L'antico vento, lo Scirocco, ha cessato
il suo urlo, la sua lamentosa pena

Dopo settimane senza fine, lascia
una quiete stupefacente e interrogativa


Un silenzio di cielo leggiadro e rosa di penombra
Stelle, scintillii sospesi, e una luna ferma
Ti alzi per andare alla finestra
E a lungo guardi
Le colline, forme crescenti

Più scure e grandi della notte
Adombrano il fiume Magra, e bevono il suo luccichio
Le tue memorie giocano a nascondino
In quelle colline, camminando insieme a lei

Sotto i cieli di mattine distanti
L'alba invecchia, il segreto elusivo lì fuori
Sopravvive ancora e si nasconde da qualche parte, //
amore per sempre introvabile.
Al di là della cima silvestre v'è lo stesso mare, //
con i suoi ritmi sussurranti

# A memory of voices and waves

A memory of voices and waves
That tastes of the salty Ligurian sea.
The ancient wind, Il Sirocco, has ceased
To wail and grumble grief

After endless weeks, leaving
An astonished, questioning calm


A silence of weightless, dusk-pink sky
Suspended starlight, a motionless moon
You get up and go to the window
And stare for a long time
At the hills, shapes growing

Darker and larger than night
Shadowing the river Magra, drinking its gleam
Your memories still play hide and seek
In those hills, walking with her

Under skies of distant mornings
Dawns grown old, the elusive secret out there
Still survives and hides somewhere, //
love forever unfindable.
Beyond the wooded crest is the same sea, //
its whispering rhythms

## LUKE WHITINGTON, ITALY UNVEILED

Come le voci di memorie che ricorrono ancora
Un tumulto di parole cascanti non più decifrabili
Più come il tempo biascicato,//
Un tempo mormorante in lento addio

Le onde di rado ora ravvivano memorie
È da tempo che le vite sono state portate altrove
Quello che è rimasto è talvolta annusato nel vento
Una raffica gettata di profumo che potrebbe essere sopravvissuta

Ma più spesso
Sorrisi e sguardi
Punte di dita e labbra che si sfiorano
Melodie dolci di parole
Create nella mente
Per assaggiare, assaggiare quelle memorie di nuovo
O, a volte, all'improvviso, immediate e rimbombanti
Sentite per rari, stupendi, stupefacenti attimi.

[in memoria di Eugenio Montale.]

## *A JOURNEY IN POETRY*

Like voices of memory recurring still
A tumult of falling words no longer decipherable
More like time slurring, //
time murmuring a slow goodbye

The waves rarely now revive memories
Lives have long been led to elsewhere
What is left is sometimes smelt on the wind
A tossed gust of fragrance that might have survived

But more often
Smiles and glances
Fingertips and lips brushing
Sweet melodies of words
Made up in the mind
To taste, taste those memories again
Or, at times, suddenly immediate and resonant
Sensed for rare, stunning, breathless seconds.

[in memory of Eugenio Montale.]

## Una prospettiva ligure.

[in memoria di Eugenio Montale.]

Le pagine di una lunga estate
Sussurrano a una fine
Luce più mite, cieli placidi
Gli ombrelloni sono svaniti dalla spiaggia
Oggi, le piccole onde sono senza padroni.

Le auto partono con famiglie e cani
Svanendo, sempre più piccole verso i loro vicini
Rumori, distanti, saluti sulla spiaggia
Discorsi ondeggianti, risate, giochi
Tutto è svanito, e scorre via come la foschia.

Memorie di gioventù, voci
Non udite per decenni, emergono e
Protagonisti del passato popolano di nuovo le sabbie
Ed anche la tua innamorata di allora, //
mentre abbraccia le sue ginocchia

Guarda verso l'orizzonte del mare, mentre le fronde delle palme
Si sono dimenticate di applaudire, i bambini che non hai avuto
Giocano a campana saltando oltre le fantasie, un avviso
Di chiusura, si gira e cade davanti alla porta del ristorante

Un bar, un solo riluttante flâneur rimasto; tavoli
Con menu abbandonati e sabbiosi; residuo inutile
Di un film di breve vita; le giovani dive in bikini
I maschi extra, sono fuori dal palco; //
All'improvviso ti ritrovi fuori stagione.

# A Ligurian vista.

[in memory of Eugenio Montale.]

Pages of a long summer
Whispering to an end
Milder light, placid skies
The beach umbrellas have gone
The tiny waves unclaimed today.

Cars depart with families and dogs
Dissolving, heading smaller toward their neighbours
Noise, far away, beachside greetings
Floating conversation, laughter, games
Have drifted and vanished like the haze.

Memories of youth, voices
Not heard for decades, emerge and
Past protagonists repopulate the sand
And even your sweetheart then, //
hugging her knees

Stares out to sea while the palm fronds
Have forgotten to clap, the children you didn't have
Play hopscotch over daydreams, a notice
Of closure, lifts and drops at the restaurant door

The bar with one last lingering *flaneur* left; tables
With abandoned, sandy menus; useless residue
Of a short-lived movie; the young supple divas in bikinis
The male extras, are off-stage; //
you are suddenly out of season.

## LUKE WHITINGTON, ITALY UNVEILED

È ora di tornare sulle colline con i loro picchetti di cipressi,
Per accendere i rametti per il primo fuoco
Per sederti nella tua vecchia leale poltrona –
Mentre l'autunno, la tua musa fedele, ritorna,
Ha indossato la sua luce, le sue ambre, per darti il benvenuto

Vestita in foglie orfane, ocra fruscianti --
Il tempo ora tornerà, sospeso in una luce arrugginita --
Dovresti essere più saggio, così che una mente più calma
Possa guidare le linee scritte, quando cominci

sul carosello, ricordando la melodia che faceva la ruota
I pony baldanzosi, il codino delle ragazze
Capi balzanti con ondulazione galleggiante, galoppando intorno
e intorno per sempre, cavalchi affianco a lei, l'unica

Che ha ricambiato il tuo sguardo, un'amante d'estate
Una volta in preparazione – //
Facce bramose voltate galleggiano indietro
Extra abbronzati, ficcati nelle folle, passeggiate insieme
Sorridendo il vostro sereno segreto, //
Quasi non credendo alla vostra buona fortuna

Meglio per ricordare, l'inchiostro è fresco, //
Scarabocchiando volentieri di nuovo
Il tempo è arrivato, la luce, il cielo è dalla tua parte
I pony ora saltellano e scivolano --
Le palme si ricordano di applaudire, //
Applaudire, l'applauso cresce --

## *A JOURNEY IN POETRY*

Time to get back up to the cypress-staked hills
To set kindling for the first fire
Settle into your loyal old armchair --
As Autumn your steadfast muse returns
Has slipped on her glow, her ambers, to welcome you

Gowned in orphaned leaves, rustling ochres --
Time will now revert, suspended in a rusting light --
You are supposed to be wiser, so a quieter mind
Will guide the written lines, when you begin

On the carousel, remembering the cartwheeling melody
The prancing ponies, the girls' pony tails
Bobbing along with a buoyant undulation, cantering around
And around forever, you ride along beside her, the one

That turned to meet your gaze, a summer love
Once In the making - //
eager, twisting faces drift back
Suntanned extras, imbedded in crowds, you stroll through together
Smiling your secret serenely, //
not quite believing your good luck

Best for remembering, the ink is fresh, //
scribbling willingly again
This time the time, the light, the sky is on your side
The ponies now prance and glide --
The palms remember to clap, //
to clap, a growing applause -

## LUKE WHITINGTON, ITALY UNVEILED

Un'eco per la casa, o da qualche parte --non c'è nessuno?
Non c'è nessuno? Oppure è lei, in punta di piedi //
che torna sulle tavole del pavimento
Per il corridoio? – //
No, sono i rumori della casa, cigolante con sé stessa
Cigolando il benvenuto a te, solo a te, //
È contenta di averti un'altra volta sulla tua poltrona.

Fuori dalla finestra il cielo è più freddo, //
è diventato un azzurro capriccioso
Ti vincoli alla vita di nuovo con queste linee tremolanti
Come le onde del mare, //
in corso, ancora incompiuto, sempre incompiuto
Anche il silenzio non è cambiato, antico, in attesa
I cipressi aspettano, abituati all'attesa leale.

## *A JOURNEY IN POETRY*

An echo in the house, somewhere -- is no one there?
Is no one there? Or is it her, tip toeing //
back over boards
Down the hallway? - //
No, the sound is the house, creaking to itself
Creaking hello, hello only to you, //
its glad to have you back in the chair.

From the window the sky is colder, //
grown into a whimsical blue
You commit to life again with these wavering lines
Like the waves of the sea, //
ongoing unfinished, always unfinished
The silence too is unchanged, ancient, waiting
And the cypresses stand by, accustomed to loyally attending.

# Un paesaggio, un cipresso.

Quei singolari alberi ellittici
Di solitudine, ognuno
Il suo particolare esilio, ognuno
Il suo stesso verde piumato silenzio

Uno dopo l'altro come
Pellegrini verdi che si seguono in fila, salgono
Per ambedue lati della serpeggiante
Strada toscana bianca.

Se i santi fossero verdi
Ellittici e abitualmente
Fermi, sarebbero cipressi
Immobili ma nello spirito in movimento
Un poco inclinati, in speranza perpetua

Verso la Mecca
Di cime ed oltre
Un più alto cielo blu senza nuvole.

# A landscape, a cypress tree.

Those singular, elliptical trees
Of aloneness, each
Its own exile, each
In its own plumed, green silence –

One after the other like
Green pilgrims following in file, climbing
Along each side of the winding
White, Tuscan road.

If saints were green
Elliptical and habitually
Still, they would be cypresses
Motionless but in spirit of motion
Tilted slightly, in perpetual hope

Towards the Mecca
Of hillcrest and beyond
A higher, cloudless, endless blue heaven.

## Una foglia di platano.

Rimpicciolita
A forma di mano
Che offriva un'idea
Una mano che proferiva
Una spiegazione
Le punte delle dita curve
Adornano, un pensiero da quel tempo

Che, come una farfalla che ne segue un'altra, è volata via.

Era un passatempo
Nell'umore senza fine dell'autunno? –
Cercando di aggrapparsi agl'ultimi obliqui illuminati dell'estate
Cercando di capirne il colore, sparpagliandone
Brandelli, grappoli di sangue verde smeraldo
Diventano stracci volanti di bruno smorto --
Che cercano di comprendere la desolazione;

Un congresso di tronchi e rami nudi
Un ballo pagano di amanti del cielo, allungati in su
Ma rimasti ridotti in stecchini, viticci deboli
Sulle spine, chiacchierando verso il nulla
Nel vento implacabile, virante, avvolgente
Intento al furto di cose, di terra, polvere, tempo, vita, tutto.

# A plane tree leaf.

Shrunken
To the shape of a hand
That held out an idea
A hand that had proffered
An explanation
Tips like fingers curled
Embellishing, a thought from back then

That, like a butterfly, following another, had flown away.

Was it something to do
With the endlessly ending mood of autumn? --
Trying to clasp the last sunlit slants of summer
Trying to understand colour, scattering
In tatters, clusters of lush emerald blood
Become drifting rags of drab brown --
Trying to grasp the starkness;

A congress of trunks and naked branches
A pagan dance of sky lovers, stretched upward
But left shrunken into sticks, frail tendrils
Fidgeting, chattering up toward nothing
In the relentless, veering, sleaving wind
Intent on thieving things, dirt, dust, time, life, everything.

*LUKE WHITINGTON, ITALY UNVEILED*

# Polgeto, un villaggio dell'Umbria.

"E sempre lo stesso paesaggio si ripete"
— Vittorio Sereni

Pensando al verde fiume ozioso
Le colline in sorveglianza, rivisiti la valle del Tevere
Il villaggio appollaiato a mezz'altezza della sua più ripida montagna
I precari abitanti chiamati contadini –
Coltivatori – che abitano in un mondo sopra alle bolle del traffico.

Calma misurata dal ticchettio
Della zappa e del piccone; il zigzag delle forbici --
Gente con una destrezza per la povertà, //
Brava in ciò che non dà profitto
Piani per stagioni e tempo, conoscere a memoria
Gli accordi e la discordia, //
La canzone interna sulla venerazione del tempo

Menti e corpi preparati alla sopravvivenza, meticolosi
Con poche scelte –semi seminati nella primavera, //
grano afferrato nell'estate
Il raccolto; una canzone sempre-antica, //
E i mesi d'osservazione in inverno
Il paesaggio in riposo, mentre il vento ruggisce e muggisce
Con sé stesso –e le ombre si muovono come fanno //
attraverso la terra senza erba e senza foglie.

*A JOURNEY IN POETRY*

# Polgeto, a village of Umbria.

"The same landscape always repeated"
                              -- Vittorio Sereni.

Thinking of the lazy green river
The watching hills, you revisit the Tiber valley
Village perched half way up its sharpest mountain
The tenuous inhabitants called Contadini --
Cultivators - who live in a world above bubbles of traffic.

Quietness measured by the ticking
Of the hoe and mattock; the snips of pruning shears -
People with a knack for poverty, //
skilled in unprofitable
Schemes of seasons and weather, knowing by heart
The accords and discords, //
the inward song of weather-worship

Minds and bodies geared to survival, meticulous
In few choices - seed cast in spring, //
grain snatched in summer
Harvest; always-ancient song, //
and winter months of watching
A landscape resting, while the wind seethes and bellows
To itself -- and shadows move as they do //
through leafless, grassless places.

## LUKE WHITINGTON, ITALY UNVEILED

Al di sopra del fiume insensibile al traffico esiste un regno, //
una religione di fare al meno,
I preti avranno solo fatto da testimoni //
o dato un omaggio sussurrato –
Eppure hanno mangiato bene su di essa; //
Occhi più brillanti, capelli luccicanti
Movimenti agili e vivaci, grida melodiche
Benvenuti tremolanti, un grande indizio di curiosità

In sorrisi d'intesa e il loro solo tesoro, o meglio, vizio, era il cibo
Celebrato e condiviso, con chiunque, //
in austerità consacrata senza tonaca.
Allora, oggi, nel mio paesaggio vedo le loro facce, bruno-nocciola
In qualsiasi mese; tornare dai vigneti //
o scendere dagli oliveti
La loro semplice segreta povertà – //
che riempie quei sacchi del raccolto – //
e il mio stupore

Alla pratica continua di una logorata, e ben arata semplicità
L'accettazione vivace del loro destino; //
Gente da un'altra epoca
Che abita ancora al di sopra del nostro traffico, //
E vivono per un dio diverso
Il dio nella pannocchia di granturco, //
Il dio in un sacco di grano, il dio in un bicchiere
di vino scintillante --e ricordato nel mio vento ombroso

## *A JOURNEY IN POETRY*

Above the indifferent river of traffic exists a realm, //
a religion of doing without
Priests might only witness //
or whisper a tribute about -
And yet they were well fed on it; //
clearest eyes, shining hair
Movements supple and brisk, melodic shouting
Shuddering welcomes, a big hint of curiosity

In knowing smiles and their only treasure, or vice, even, was food
Celebrated and shared, with anyone, //
in frockless, ordained austerity.
So today in my own landscape I see their faces, nut brown
In whatever month; returning from vineyards //
or descending the olive groves
Their plain secret, poverty - //
filling those harvest sacks -- //
and my astonishment

At the ongoing practise of a worn, well-grooved simplicity
Their boisterous acceptance of their lot; //
people from another time
Living above the traffic of ours, //
living for a different god
A god in a cob of corn, //
a god in a sack of wheat, a god in a glass
Of glinting wine - and remembered in my own shadowy wind

## LUKE WHITINGTON, ITALY UNVEILED

Che trema sotto un sole debole; la memoria sale verso il nord
Per i campi ordinati e le foreste festive con luce
La strada serpeggiante ugualmente bramosa di arrivare
Mentre guido la macchina //
più in alto nella loro primavera scintillante
E leggo i loro alti campi e prati punteggiati di papaveri
Con un occhio acuto, prestato dalla povertà; //
in anni di esilio castano.

## A JOURNEY IN POETRY

Trembling through feeble sunshine; memory climbing north
Through orderly fields and forests festive with light
The winding road equally eager to get there
As I drive my car higher //
into their sparkling spring
And I read their lofty, poppy-dotted fields and meadows
With an acute eye, borrowed from poverty; //
in years of auburn exile.

## Rita.

Un giorno esaurirai i tuoi sogni
Alla tua età, in particolare, dicevano –
Ma io ancora posso vederli mostrarsi

Nelle monete di luce solare che scivolano fra i tuoi capelli
O in come hai ballato frustando la tua ombra
Sul muro; una mantide baldanzosa.

Tu, l'attrice con i capelli rossi che è corsa via, nuda
Sulla spiaggia meridionale arrossata dal crepuscolo
Una curva di sogni eterni, raccolgo impressioni

Delle tue orme che scappano ogni giorno
Dei fili svolazzanti dei tuoi capelli –
Mentre raccogli conchiglie; monte di Venere sballottato dalle onde
Con i miei occhi, camminando
Accanto alla tua ombra fluente
Le onde si infrangono, gli echi che non ti hanno mai cancellata.

# Rita.

One day you will run out of dreams
At your age particularly, they said –
But I still can watch them unfold

In coins of sunlight slipping through your hair
Or how you danced whipping your shadow
Against the wall; a prancing female preying mantis.

You the red-haired actress who sprinted away, naked
On the southern Italian-dusk-reddened beach
A curve of enduring dreams, I collect impressions

Of your footprints escaping every day
The whirling threads of your hair –
Gathering shells; wave-tossed mons veneris
With my eyes, walking
Along beside your flowing shadow
The crashing waves, the echoes that never erased you.

*LUKE WHITINGTON, ITALY UNVEILED*

# Un paese collinare dell'Umbria.

Sono le sette passate e le colombe
Sono tornate, sciamate a frotta sopra
Il vecchio pozzo nella piazza deserta
Percorrono le pietre che si scuriscono
Come onorate signore, gonfie, beccando l'aria
Con i petti in panciotti
Perché, domandano, //
siamo ancora qui – battendo le ciglia e beccando –?

Siamo a spasso, sempre ci presentiamo, //
Sempre partiamo; così detto flâneurs
Sempre pronte a tornare, per ammirare di nuovo
Il campanile, il suo piccolo tetto come una tenda di terracotta
Appollaiate vicino alle troppo curiose nuvole
Seguiamo un viottolo echeggiato di passi
Fino a un museo, ora chiuso, storia locale

Se n'è andato a letto, la storia è un altro giorno documentata
Aspettando i suoi custodi non retribuiti --noi per caso? – beh, Sì
Torniamoci al bar per un caffè e una torta di mandorle
Prima che prendiamo la strada giù a Roma --che importa se Dante
ha passato un anno a nascondersi qui, //
comunque, noi preferiamo prosa loquace alla poesia.

Poi al tramonto, gli ultimi obliqui raggi di sole
Prendono le colombe in movimento, //
le guardiamo raccogliere l'oro
Sulle loro ali mentre girano //
Alzandosi e voltandosi davanti ai boschi di quercia
E le campane suonano nel silenzio divino "Dio, ci sei?"
E di nuovo –"Dio sei da qualche parte, qui e dove?"Altrimenti

# An Umbrian hill town.

It is after seven and the pigeons
Have flown back, swarmed and flocked over
The old well and the deserted square
They pace the darkening stones
Like worthy burghers, puffed up, pecking air
With waist-coated chests
Why, they enquire, //
are we still here - as they blink and peck --?

Strollers, we always come, //
we always go; so called *flaneurs*
Always ready to return, to admire again
The bell tower, its little roof like a terracotta tent
Perched up amongst low, over-curious clouds
We follow a step-resounding alleyway
To a museum, now closed, local history

Has retired to bed, history is another day documented
Waiting for its unpaid custodians - us by chance?—well, Yes
Let's get back to the café for a coffee and almond cake
Before we take the road down to Rome - who cares if Dante
Spent a year hiding here, //
anyway we prefer loquacious prose to poetry.

But then at dusk, the last reluctant slants of sunlight
Catch the pigeons on the move, //
we watch them gathering gold
On their wings as they wheel //
and rise and turn against the oak forests
And the bells strike at the divine silence "God are you there?"
And again -- "God are you anywhere, here and where?" - Otherwise

## LUKE WHITINGTON, ITALY UNVEILED

Come silenziose sono le colline e il cielo sbavato di nuvole
Una cupa turbolenza senza parole
Le vigne verdi si intrecciano in su, poi virano
Proprio oltre la cima e in un'altra fine di un giorno nascosto sotto –
La vista non sarebbe cambiata per secoli.

Anche Dante nella sua segreta camera nascosta
Avrebbe interrotto il progresso della sua amara penna
Per guardare il tramonto, //
che bruciava una vela magnifica sulle pietre
O un'entrata, incorniciata, cremisi su un muro
Mi chiedo se ha guardato con la mia stessa fascinazione

In un attimo quotidiano di pietra
Trasformato in qualcosa di più
Di quello che è – la sua superficie precisa e severa
Diventa giocosa, magica addirittura –
E si potrebbe ricordare qualcosa

Da qualche altra parte, sul fondo del corteo
del campo, foresta e cielo? Un altro uccello, un'altra luce
Un altro cielo ventoso altrove?
Ha all'improvviso capito qualcosa di straordinario?
Oppure egli, un esilio braccato, ha desiderato sciogliersi
Nell'arazzo mutevole di foglie e nel prato intrecciato dal vento?
Qualcosa lo ha convinto a fare parte del dipinto
E poi di rimanere – come qualche invisibile parte del presente?

## *A JOURNEY IN POETRY*

How quiet the hills and cloud smudged sky are
A turbulence brooding without words
The green vines weave on upwards, and then they veer
Right over the crest into another end of a day hidden below --
The view would have not changed for centuries

Even Dante from his secret, hidden room
May have interrupted his wry pen's progress
To look at the sunset, //
burning a mighty sail on stones
Or a doorway, framed, glowing pink in a wall
I wonder did he look as I do with fascination

At the ordinary moment of stone
Transformed into something more
Than it is -- its stern, precise surface
Becoming playful, magical, even –
And could he have remembered something

From somewhere else, against the pageant
Of field, forest, rock and sky? Another bird, another light
Another windy sky somewhere?
Did he suddenly understand something remarkable?
Or did he, a hunted exile, wish to dissolve
Into the shifting tapestry of leaves and wind-woven grass?
Something persuading him to be part of the picture
And then to remain -- as some undetectable part of the present?

## LUKE WHITINGTON, ITALY UNVEILED

Domande che mi chiederò dietro al volante
Sulla strada verso il sud di Roma –
Mentre ricomincio il cammino scendendo per il paesaggio
Di un più nuovo e vecchio tempo, lasciando la città delle torri
Alle sue squagliate pietre levigate, le sue mura dolenti

Mentre naviga lì dietro, un edificio di pietra, scorrendo
maestosamente verso il passato e il futuro
Scivolando lì, fra miracoli quotidiani
E dorati, ardenti entrate
Quelle aperture che ho lasciato, //
Che lascio di nuovo, scintillanti sulle mura.

## *A JOURNEY IN POETRY*

Questions I will ask myself back behind the wheel
On the roads going down south to Rome –
As I restart the journey descending through landscapes
Of newer and older time, leaving the city of towers
To its melting, mellowed stone, its mournful walls

As it sails back there behind, a stone edifice, drifting
Majestically into the past and into the future
Gliding there through every-day miracles
And golden, blazing doorways
Those openings I had left, //
I am leaving again, glowing on walls.

# Cigni veneziani.

Ti sdrai
E fissi lo sguardo sull'affresco
Di nuvole, sole e cielo
Flesse e rilassate
Con il ritmo deliquio
Della gondola, i tetti ornati
Di palazzi maestosi che scorrono mentre passi

Da ogni lato, un altro tipo di canale quasi,
Sopra al corso del cielo veneziano
Come se il cigno nero della tua bara-gondola esorta
Il suo passaggio attraverso il Canal Grande, contro
La marea delle acque  intrecciate di luci;
Un senso di viaggiare all'indietro
Pensando avanti, in qualche modo rilasciando
Il passato, il futuro diventato un pendolo

Oscillante attraverso gli argentei spiriti specchiati di luce
Agili e sinuosi, annegati da ombre ondulanti
Di cattedrali di marmo, legate all'altra sponda
Alti elaborati altari di pietra ormeggiati nella vorticante acqua.

## Venetian swans.

You lie back
And gaze at the fresco
Of clouds, sunlight and sky
Flexing and relaxing
To the swooning rhythm
Of the gondola, the ornate tops
Of the majestic palaces drifting by

On either side, another canal of sorts
Above in the avenue of Venetian sky
As your coffin-black-swan gondola urges
Its way across the Grand Canal, against
The tide of light-embroidered waters;
A sense of journeying backwards
Thinking forwards, somehow shedding
The past, the future becoming a pendulum

Swaying across mirrored silver spirits of light
Supple and twisting, drowned by undulating shadows
Of marble cathedrals, tethered to the other side
Elaborate, lofty alters of stone moored in the swirling waters.

## LUKE WHITINGTON, ITALY UNVEILED

Sopra la curva del canale
La corona di terracotta del duomo
Ospita gabbiani rampicanti e le facciate stanche
Degli edifici accanto guardano giù
Al loro stesso cipiglio pesante riflesso nell'acqua –
Le loro persiane inclinate e storte – e sporgendomi
Vedo la mia faccia barcollante, che sembra
Conoscermi ma si allunga in forme
E si arrende a ricordarmi ora, vorticando via
Nei lunghi stagni di luce, mi siedo eretto e guardo

Il gondoliere, il suo fermo, strenuo ballo
Si allunga, sprofonda, tira e la lunga spinta – lì sopra
Sui bollati muri di mattoni e gesso
La luce del sole si arrugginisce sul ferro dei balconi mentre passiamo
Sotto la scura eclissi di un ponte arcato di pietra
Desolato e stoico contro l'avanzare del cielo azzurro del nord –
E i camini solenni a forma di tromba sputano segreti silenti

Su nel largo cielo non sgombrato da veli, croci
Dorate dal sole, segnalano con scintillii ai fedeli
Forse con qualche Morse divino, raggi dorati che cospirano
Con le maree, rovesciano luce in galloni di sole
Scarabocchiano in arabeschi, salendo
E cadendo sulle superfici fluenti – scorriamo

Ora in un attimo pacifico
Lasciando indietro i piccoli vortici
Silenziosamente giù da uno stretto calle
Che sembra come una squallida entrata posteriore
Della Storia stessa, scorrendo silenziosamente in uno scuro velluto –

## *A JOURNEY IN POETRY*

Above the canal's curve
The terracotta crown of a dome
Hosts climbing seagulls and the weary facades
Of neighbouring edifices peer down
At their own reflected, laden frowns --
Their tilted awry shutters -- and leaning over
I see my own wobbling face, which seems
To know me but lengthening in shape
Gives up remembering me now, swirling away
In elongated pools of light, I sit erect and watch

The gondolier, his stationary, strenuous dance
Reaching, plunging, tugging and the long push -there above
On the blistered brick and plaster walls
Sunlight rusts on ironwork balconies as we pass
Under the dark eclipse of an arched stone bridge
Stark and stoic against the advance of blue northern sky -
And solemn trumpet-shaped chimneys spout soundless secrets

Up to the wide sail-unencumbered heavens, crosses
Gilded by the sun, signal in flashes to the faithful
Perhaps in some heavenly Morse, golden rays conspiring
With the tides, spilling light in gallons of sunlight
Scribbling away in arabesques, rising
And falling over the flowing surfaces  - we glide

Now in peaceful momentum
Leaving little whirlpools behind
Soundlessly down a narrow Calle
That looks like a shabby rear entrance
To History itself, sliding silently into a velvet dimness -

## LUKE WHITINGTON, ITALY UNVEILED

Penso alla mia isola in prestito, la mia camera in affitto
Nella Pensione Accademia – i mobili barocchi
Che sembrano coinvolti in un discorso secolare
Godrò durante le mie celebrazioni della sera
Di un viaggio ben passato; uno scannellato bicchiere o due
Di rosso di Lombardia e la possibilità finalmente di scrivere
Una parola, una riga o due sulla luce, galleggiante
E che scorre in eternità, l'ondulazione argentea e surreale
I lati carezzano arabeschi, i globuli di lavorato argento come
Perline brillanti gettati dal palo del gondoliere –

Il futuro in qualche maniera ancorato al passato
Bianco puro, un tempio orgoglioso
Un monumento innocente ormeggiato nella foschia
Mentre la nebbia comincia con dita cieche
A strofinare sensualmente, contro il braille
Delle inferriate curve del Ponte Chiodo.

## *A JOURNEY IN POETRY*

I think of my borrowed island, my rented room
In the Pensione Accademia -the baroque furniture
That looks to be engaged in a centennial conversation
I will enjoy my evening celebration
Of a journey well spent; a fluted glass or two
Of Lombardy red and the possibility of finally writing
A word, a line or two about the light, buoyant
And drifting in timelessness, the surreal silver ripples
The side stroking arabesques, the brilliant beads like
Globules of silverwork flung from the gondolier's pole --

The future somehow anchored in the past
Pure white, a proud temple
A blameless monument moored in mist
As the fog commences with blind fingers
To rub sensually, against the braille
Of the curved rails of the bridge of nails.

## Apprendista di lirica.

Termiti del tempo
Creature invisibili
Che sciamano in fretta
Per finirmi

Piccolissimi becchini
Affondando le loro zappe
Profondamente fra i battiti del mio cuore

La memoria è tornata in una lenta luce dorata
Che cerca la libertà di fluire tranquillamente
Alzandosi da un pensiero verso una porta spalancata
E, lontano da queste quattro mura dritte
Di silenzio – le ore non si sono mai fermate
Un continuo disordine di ticchettio irrequieto

Ma la tua ombra ha ponderato abbastanza
Svanendo nella sua ultima avanzata
Attraverso il pavimento, abitudine e speranza, ti tengono

Appollaiato alla scrivania, gli occhi scappano
Verso la vista autunnale inondata di luce
Foglie gocciolanti svolazzano, mentre la tua mente scarabocchia

Disegni sulla pagina screziata di luce –
Tu, l'apprendista di lirica, respirando sussurri
Descritti in cerchi simmetrici di lettere
Brani di una puntata, in crescita, che è chiamata vita.

# Apprenticed to lyrics.

Time's termites
Invisible critters
Are rushing, swarming
To finish me off

Miniature gravediggers
Burying their picks
Deep between my heartbeats

Memory has returned to slow golden light
Seeking a freedom of mellowed flowing
Soaring from a thought toward the wide open door
And far away from these four straight walls
Of silence --time has not ever stopped
A litter of restless ticking keeps on

But your shadow has pondered enough
Fading in its last advance
Over the floor, habit and hope, keeps you

Perched at the desk, eyes escaping
Toward the light-bathed, autumnal view;
Trickling leaves drifting, while your mind scribbles

Patterns over a dappled page --
You the lyric apprentice, breathing whispers
Describing symmetrical loops of letters
Passages of an instalment, getting longer, called life.

# Un silenzio.

Una foglia, un dono, una coincidenza
Tutte le tre stagioni, più o meno
Che ti cascano in testa,
Dicono "buona fortuna" in italiano.
L'inverno è un essere geloso
Che dà nulla, che accumula nulla
A parte l'assenza di foglie
E il ticchettio del silenzio gelato

E dentro la tua casa
Una foglia di platano arricciato, sola
Sul davanzale della finestra, sembra
Come una mano lasciata aperta sul suo dorso
Che dà un addio al cielo

La maestra della natura, il suo piano è chiaro da vedere --
Nelle vene della foglia, un'imitazione fedele
In miniatura, del platano
Sua madre, da cui ha svolazzato
Nell'autunno svanente, ora libera, orfana

# A silence.

A leaf, a gift, a coincidence
All three seasons, more or less
Landing on your head, it is
Saying "good luck" in Italian.
Winter is a jealous creature
Shedding nothing, hoarding nothing
Except the absence of leaves
And the ticking of cold silence

And inside your home
A plane tree leaf curled, alone
On your window sill, looks
Like a hand left open on its back
Bidding farewell to the sky

Nature's craft, its plan to plainly see--
In the veins of the leaf, a faithful imitation
A miniature of the plane tree
Its mother, whom it swirled from
In fading autumn, now let go, orphaned

## LUKE WHITINGTON, ITALY UNVEILED

E volando, planando
Per atterrare, dove i tuoi passi
Sovente ti portavano
Un frammento, una pergamena raggrinzita, //
eppure prova indubitabile
Di sole, pioggia, burrasca, freddo gelido e calore. –
Una missiva, di più
Di una stagione, in una sola foglia
Caduta dal ciclo del tempo
La storia di una vita
Nascita, crescita e disfacimento

E un testamento
All'effimero --
Un silenzio profondo
Senza peso
Che plana giù davanti ai tuoi occhi
Incappato nell'incavo delle mani.

## A JOURNEY IN POETRY

And flying, gliding
To land, where your steps
Often would have taken you
A scrap, a shrivelled parchment, //
yet clear evidence
Of sun, rain, gale, freezing cold and heat. --
A message, of more
Than one season, in a single leaf
Tumbled from a cycle of time
A history of a life
Birth, growth and disintegration

And a testament
To the ephemeral --
A weightless
And profound silence
Gliding down and across into your sight
Caught in cupped hands.

# Uno splendore ferito.

L'albero perde le foglie di minuti e attimi
Le foglie di ore dorate e sbiadite
I giorni che scorrono in settimane e anni svolazzanti
Le foglie di tutti i raccolti
Lo stormo di finali, sparse
In un tema silenzioso, ogni secca, arida
Foglia un fiore di vita, finalmente si lascia andare

Una pagina, un'altra, che galleggia via
Un requiem che scorre
In luoghi e tempi diversi –
Ogni foglia una nota, una prolungata virgola
Di tempi ben passati o purtroppo no
La vita si spoglia, carne effimera spoglia
Che galleggia in riccioli, via nell'al di là

Una voluta, un ruscello, un frammento di tempo
Una nuvola di ombre di memorie che si disperdono
In un'altra luce, liberata come una vita svanente
I minuti e gli attimi girano, tempo srotolato
Senti un sussurro, un mormorio
Che galleggia lì all'infanzia, ricordi un pianto, una gioia semplice
Di innocenza; un sogno che è divampato, //
Che non poteva, non doveva durare –

# A wounded splendour.

A tree is shedding leaves of minutes and moments
The leaves of faded golden hours
The drifting days, swirling weeks and years
The leaves of all the harvests
The flocking of endings, scattering
Into a silent theme, each dry, dry
Leaf a blossom of life, finally letting go

A page, another, floating away
A drifting requiem
Of different times and places --
Each leaf a footnote, and a prolonged comma
To time spent well or regrettably unwell
Life undressing, undressed ephemeral flesh
Drifts in coils, drifting into the spiritual

A wisp, a stream, of fragments of time
A cloud of memories' shadows dispersing
Into another light, unburdened as a vanishing life
The minutes and moments circle, time unfurls
You hear a whisper, a murmur
Floating over to childhood, you remember a cry, a simple joy
Of innocence; a dream that flared, //
which could not, would not last -

## LUKE WHITINGTON, ITALY UNVEILED

Il sogno svolazza, scorre in avanti
Si sparge, balla in fitte di luce
Lasciando indietro rami nudi e abbandonati –
Lasciando più del cielo
Lasciando più della luna
Lasciando una stagione svanita
E un umore di stelle ferme

Che lascia un attimo di un lungo giorno del passato.
Le foglie delle ore svolazzano
Di più ora, levandosi e fluendo via
Le nuvole del tempo, non scritte
Planano lentamente in sù
Cadendo e alzandosi, fioriture di vita
Che planano in una luce diversa e sconosciuta.

## *A JOURNEY IN POETRY*

The dream is swirling, floating onwards
Scattering, dancing into pinpricks of light
Leaving branches naked and bereft behind --
Leaving more of the sky
Leaving more of the moon
Leaving a vanished season
And a mood of motionless stars

Leaving a long day's moment of the past.
The leaves of hours swirl about
More now, billowing and flowing out
The clouds of time, unwritten
Are drifting slowly over
Dipping and rising, blooms of life
Gliding into different, unknown light.

# Al sud di Genova.

*"Ahimè, non mai due volte configura*
*il tempo in egual modo i grani!"* – Eugenio Montale.

Regni di nuvole volano
imperturbabili, silenziosi, sopra il ruggito
Del tramonto, sopra il mare livido
Che lancia onde di color rame
Sulla sponda sconvolta

Alcune nuvole prese
Dall'ondata arrossata dell'aria
Incandescenti come giganti tizzoni sospesi
E poi il tumulto ubriaco finisce
L'umore del tempo si scioglie

Nella brezza fresca del crepuscolo.
È senza forma il tuo spirito?
Senza proclamazione? Un roveto ardente
Un qualche luogo scordato?
Nell'alba della tua ombra

Ricomparirà, per infestare
Lo stesso muro consumato
Lo stesso amico di te stesso
E gli altri, che da tempo sono morti –
Spettri che sai vagano attraverso il tuo sentiero

# South of Genoa.

*"Alas, time never pours its sand
the same way twice."* -- Eugenio Montale.

Kingdoms of clouds soar
Imperturbable, silent, over the roar
Of a sunset, over the livid sea
Hurling copper-coloured waves
Onto the shocked shore

Some clouds caught
By the reddening tide of air
Glow like giant embers suspended
And then the drunken tumult ends
A mood of time, dissolving

In a cool dusk breeze.
Is your spirit shapeless?
Unproclaimed? A bush in flames
In some forgotten foreign place?
In the dawn your shadow

Will reappear, come to haunt
The same worn wall
The same friend to yourself
And others, who have since passed --
Ghosts you know that stray across your path

## LUKE WHITINGTON, ITALY UNVEILED

I quali gridavano il tuo nome
I quali rivendicavano, celebravano
Lo stesso mare ed orizzonte
I quali camminavano sullo stesso promontorio
Quelle ombre amichevoli
Per tutta la via, accanto allo stesso muro, insieme una volta.

## A JOURNEY IN POETRY

Who cried out your name
Who claimed, celebrated
The same sea and horizon once
Who walked to the same headland
Those shadows hobnobbing
All the way, along the same wall, together once.

## Loggia della Signoria.

Dei di marmo, immortali, mortali minori di pietra
Disposti, in un aviario di omicidio, invidia e vendetta
Filosofia in pausa e cupidigia che crolla in un rapimento ... sopra
La scalinata di granito, due leoni di pietra si aggirano //
protettori del caos.

Gli archi, imitatori esuberanti del cielo
Balzano allegramente sotto la torre stupenda
La sua forma minacciosa, la sua ombra ponderosa
Che cade attraverso zuffe e giochi mortali --

Trattenuti dalla perfezione, le statue aspettano di tornare in vita

Di sciogliersi dalle loro vite pietrificate disegni minuziosi
Di muratura si alzano per incontrare le mensole //
e poi le dentellature che fanno bordo al cielo
Per finalmente dare un pugno a una spalla merlata //
Attraverso un cielo perplesso di blu.
C'è un senso di un pendolo di forze
Ansimanti, che fruscino lentamente intorno a questa piazza
Un senso di una forma confusa sopra la testa vagante //
della folla – che alza
le sue braccia, i gomiti e le mani allungate con le fotocamere pronte
A scattare le gallerie della storia; gli Dei guardano fisso

## The Loggia, Piazza della Signoria.

Marble gods, immortals, lesser stone mortals
On display, an aviary of murder, envy and revenge
Philosophy paused and lust spiralling into kidnap .... above
The granite steps, two stone lions prowl, //
guardians of chaos.

The arches exuberantly mimic the heavens
Leap merrily just below the mighty tower
Its looming shape, its shadow ponderous
falling across strife and deadly play --

Restrained by perfection, the statues wait to come alive

To uncoil from their frozen lives; meticulous patterns
Of stonework rise up to meet ledges //
and then sky-edging serrations
To finally punch a crenulated shoulder //
through a baffled , blue sky.
There is a sense of a pendulum of forces
Heaving, swishing slowly around this square
A sensed blur over the milling head //
of the crowd - which raises
Its arms, elbows and stretched hands with held-out cameras
To photograph the galleries of history; gods staring back

nei fulmini di luce, attraverso le facce radunate che guardano in sù –
Mentre sorseggio l'ultima schiuma del mio cappuccino
Guardando una colonna di luce guidata da una nuvola, //
che passa sopra
La piazza verso Perseo; che regge la sua spada e il trofeo

Di una testa mozzata - l'ultima smorfia della Medusa – //
poi nel vuoto di un arco
Tre corpi di marmo si arrampicano; //
destino, speranza, impotenza, si alzano
Su, verso l'arco del cielo azzurro; //
Membra sabine curve in volo rapito;
Povero Patroclo flaccido nelle braccia di Menelao, //
Che sparge fiati sempre più affannati di vita –
E la tazza del caffè tintinna al suo posto, //
perfettamente ferma nel suo piattino innocente.

## A JOURNEY IN POETRY

Into the flashes of light, over the assembled faces gazing upward --
As I sip the last froth of my cappuccino
Watching a column of cloud-driven light, //
sweep over
The square toward Perseus; holding his sword and the trophy

Of a severed head - the last grimace of Medusa -- //
then in the hollow of an arch
The three marble bodies climbing; //
fate, hope, helplessness, rising
Turning up toward the arch of blue sky; //
Sabine limbs curving in enraptured flight;
Poor Patroclus limp in Menelaus's arms, //
shedding shortening breaths of life --
And the coffee cup jitters back into place, //
perfectly still in its blameless saucer.

## Ravello – a sud di Napoli.

La terrazza d'infinità
Il belvedere dell'infinito.
I pini parasoli si torcono e si allungano come ballerini
O planano con ali di aghi in grappoli.

Fiumi di attimi
La luce cade per i verdi
Frammenti d'un estate
Che sfugge con il tuo sorriso --

Il diletto della tua risoluzione
Sotto il sole, è duro come la luce –
Crudele come i tuoi occhi scintilla in un futuro adulterio.
Osservo il loro sguardo in qualche futuro distante

Lasciando il nostro fagotto di attimi
Conficcato sotto un'ombra
Che si scuote e si sistema in mezzo ai rami
Per coprire segreti non voluti di seconda mano

L'ulivo si muove in un sottile cigolio, volando
Ora nel vento, i viticci più alti --
Le foglie più alte, fluiscono verso l'occidente; //
il vento del levante è nella tua mente
Scorre verso il sole e la sua pesante certezza  –

*A JOURNEY IN POETRY*

# Ravello – South from Naples.

The terrace of infinity
The belvedere of the infinite.
The parasol pines twist and reach like dancers
Or hover with wings of clumped needles.

Rivers of moments
Light falling through green
Fragments of a summer
Are receding in your smile --

The delight of your resolve
Under the sun, is harsh as light --
Cruel like your eyes as they glitter into future adultery.
I watch their gaze into some distant future

Leaving our bundle of moments
Wedged under a shadow
That shakes itself and settles with branches
To cover the unwanted, second-hand secret.

The olive shifts with soft creaks, sailing
Now with the wind, the uppermost tendrils --
The topmost leaves, flow west;//
the easterly is in your head
Streaming toward the sun and its heavy certainty --

## LUKE WHITINGTON, ITALY UNVEILED

Si affonda, piano ora, sotto la curva passiva del mare
Guardo alla tristezza dell'acqua dorata in riflusso --
Questo mare di sirene //
Avevo camminato con te una lunga via per vederlo
Le albicocche, cremisi e rosse, gocciolano

Sulle rocce in attesa lì giù; esseri oscuri e rannicchiati
Catturati mentre andavano giù nel flusso di una fine
Mentre le nostre dita si lasciavano //
maldestre con una certa incertezza
E ti giri per partire, passando giù per il sentiero di petali e gerani

Davanti ai piedistalli ed i busti //
di cortigiane e imperatori arrossati dal sole
La tua gonna ondeggia, il tuo passo è più leggero, //
sposato a un altro posto e misura.
La tua sagoma è come un rottame benfatto – //
ricordato nel traffico oscurato di luce.

## *A JOURNEY IN POETRY*

Sinking, easing now, into the passive curve of the sea.
I look at a sadness of ebbing golden water --
This sea of sirens //
I had come with you a long way to see
The apricots, crimsons and bloods, seeping

Across to the waiting rocks below; dark, hunched creatures
Caught stepping down into the flow of an ending
As our fingers let go, //
awkward with a certain uncertainty
And you turn to part, stepping down the geranium petalled path

Past the pedestals and the busts //
of sun-reddened emperors and courtesans.
Your skirts sway, your step is lighter, //
married to another place and measure.
Your silhouette is like shapely driftwood - //
remembered in the darkening traffic of light.

# Rita, la cantante.

Ti ho conosciuto nel bar jazz di Perugia
Sorprendenti occhi verdi sotto l'arco
Di pietra antica, pelle tinta di blu
Dalla musica e dal fumo, il corpo incordato a ogni accordo

Ed ero seduto lì nell'ombra artificiale
Verde lento e blu e rosso
Cominciando a conoscerti
La tua discordanza affascinante
Troppo giovane per una voce così antica; spalla che gira, seducente

E capelli rossi buttati indietro; fianchi curvati, ventre
Luccicante con lustrini, venire a conoscerti di più
Sorrisi che fumavano fuori da tutte quelle canzoni
Conoscerti di più; occhi che sapevano come uccidere.

Tintinnio come posate di acciaio sui tamburi
Il sassofono piangeva al suo maggior vigore //
e la luce scorreva in onde
Il colore è tornato sulle tue guance; luce stroboscopica
Scintillante per vivere di nuovo –//
Hai fatto il tuo ballo in punta di piedi con il microfono

Storto sulla sua asta, avvolgendolo con la tua faccia felina
Cantava – aveva una rosa – piantata lì – sopra le sue mutandine –
Attimi di erotismo tessuti nelle tue lisce mani
Che poi furtivamente avanti e indietro hai scosso via.

# Rita, the singer.

In the Perugia jazz bar I met you
Green eyes startling under the arch
Of ancient stone, skin tinged blue
By music and smoke, body strung to every chord

And there I sat in man-made shadow
Slow green and blue and red
Getting to know you
Your intriguing discordancy
Too young for a voice so old; shoulder turning teasing

And red hair flung back; hips dipping, belly
Shimmering with sequins, getting to know you more
Smiles smoking a way out of all of those songs
Getting to know you more; eyes knowing a way to kill.

Drums rattled like steel cutlery
The sax wept its lustiest //
and the light drained in waves
The flush of your cheeks was back; strobes
Flashing to live again-- //
You did your tip toe dance with the microphone

Awry on its stand, curling your feline face around it
Singing -- she had a rose - planted there - over her knickers --
Moments of erotica woven between your smoothing hands
And then sidling back and forth you flicked them away.

## LUKE WHITINGTON, ITALY UNVEILED

Dita scintillanti con troppi anelli
Che sfioravano le mie guance quando finalmente ci siamo baciati
Nell'ombra sotto la torre della cattedrale
Luce di stelle nella fontana; il silenzio pietroso di San Lorenzo

Un ragazzo in jeans e t-shirt dall'Australia; //
tu, la ragazza umbra, nella tua pelliccia invernale
Lo straniero e la paesana, sposati in blu, rosso e caramello
Sotto l'ultima ondata di chiaro di luna dell'estate
L'inverno cominciava, //
la primavera di stranezza meravigliosa che finiva,
La tua faccia etrusca, fulva nel vento e nella luce incerta

Sviluppata ora nella pienezza di donna umbra –
Granelli dorati nei tuoi capelli biondo rame
La tua pelle olivastra che beve luce, occhi verdi
Sentinelle sui pendii lussureggianti, fianchi di colline, //
un'estate di papaveri

Abbracci che si allungano senza fine sotto l'ombra degli ulivi
Quei contrasti che cadono attraverso la memoria –
In questa bruma gialla, i tuoi occhi guardano ancora
Da quel paesaggio soffiato, accarezzato dal vento di tramontana;
Sorrisi dorati guizzanti nelle pagine.


G

## A JOURNEY IN POETRY

littering fingers with too many rings
Grazing my cheeks when we finally kissed
In shadow under the cathedral bell-tower
Starlight in the fountain; the stony silence of San Lorenzo.

An Ozzie boy in t-shirt and jeans; //
you, the Umbrian girl, in your winter fur
The stranger and a native, married in blues, reds and caramels
Under the last downpour of summer moonlight
The winter beginning, //
the spring of wonderful strangeness ending
Your Etruscan face, tawny in the wind and sketching light

Grown now into the ripeness of Umbrian woman --
Golden grain in your auburn hair
Your olive skin drinking light, green eyes
Sentinel over lush slopes, hill flanks, //
a summer of poppies;

Embraces stretch and go on in olive trees' shadows --
Those contrasts fall across memory --
In this yellow haze, your eyes stare again
From that tramontana-wind-stroked landscape;
Golden smiles flickering through pages.

*LUKE WHITINGTON, ITALY UNVEILED*

# Roma, agosto a mezzogiorno.

I preti si muovono con destrezza come fanno le ombre
Quando aprono o chiudono le porte
Appaiono, e svaniscono scorrendo come memorie
Per un'alluvione di luce rovente
Un'ombra raffinata o due sulle pareti, //
Una sfumatura in viottoli sfaldati.

In alto sopra, le campane della cattedrale assillano l'aria
Suonando sia gioia che angoscia al cielo.
Lamentele rotte e clamorose allo svanire della fede –
Un'ombra sola di un'anima perduta si inginocchia, rifugiata
In un angolo della chiesa piena di luce del sole --

Mentre un monaco trotta piegato
Come uno scarabeo furtivo che fugge dalla brillantezza
Scappando dagli occhi feriti dei fedeli accalcati
E dagli sguardi scortesi di infedeli vaganti.

Sopra i tetti grigi, le colonne scorrenti di San Pietro
Le torri, le merlature, le statue di santi sul timpano
Fanno processioni, si curvano via
Nel vento torrido e caldo, in ruscelli di aria dorata –

Il Tevere scorre nel suo fosso vecchio e solcato
Col suo giallo sporco, indifferente come sempre,
Indolente mentre vaga ed ora più piano
Per un'ansa su un gomito di luce forte;
Giù, più vicino, sembra fermarsi nelle sue sponde

# Roma, an August midday.

Priests move deftly as shadows do
When they close or open doorways
Appearing, disappearing, moving like memory
Through downpouring, blazing light
A sleek shadow or two along walls, //
blurring along flaking alleyways.

High overhead cathedral bells are nagging the air
Chiming both joy and anguish out to the sky.
Clanging cracked laments to the fading of faith --
A lone shadow of a strayed soul kneels, recluse
In a corner of the sunlight-bathed church --

As a trotting monk hunches forwards
Like a furtive beetle fleeing the brightness
Fleeing bruised eyes of the huddled faithful
And the rude gaze of the strayed unfaithful.

Over grey rooftops, the skirting columns of Saint Peters
The towers, crenulations, and gable statues of saints
Form into processions, curving away
In the torrid hot wind, into streams of golden air --

The Tiber flows down her old furrowed run
As indifferent a dirty yellow as ever
Sluggish as she wanders and now slower
Around a bend on an elbow of harsh light;
Closer below, she seems to pause in her banks

## LUKE WHITINGTON, ITALY UNVEILED

Per un attimo allungato – e giuro
Che sento la sua voce soave mormorare allora –
"Ti ho sentito, ti ho sentito – sì
"Ogni parola disordinata – proprio quando hai detto giallo sporco!"

## A JOURNEY IN POETRY

For a long moment -- and I swear
I heard her softly murmuring then -
"I heard you, I heard you -yes
Every desultory word - just when you said dirty yellow!"

# Parte quarta

*A JOURNEY IN POETRY*

# Part four

*LUKE WHITINGTON, ITALY UNVEILED*

# Un Busto nella Galleria degli Uffizi.

Accanto alla finestra, nella luce calante
Un busto scolpito ti offre la sua faccia angosciata
La luce scivola giù dal profilo curvo
Come per mettere in rilievo
Un momento eterno di consapevolezza
Tu e gli altri, sospirate, e in modo strano – viene
un bagliore, una lucentezza continua e dolce
In minuti d'intimità immaginati, puoi vedere
Che quelle labbra marmoree si aprivano //
Su una parola pronunciata, nel lontano passato ...

La luce del tardo pomeriggio vela il capo arruffato
Con una sfumatura di cremisi che sta passando, //
Il fiume dell'Arno in basso
Sembra essersi fermato --verde smorto fluisce in nero, //
Sotto un ponte stoico
Un'ombra di un arco galleggiante aspetta una risposta, //
Sbatti le palpebre e tutto ricomincia --

Come se fosse sollecitato da una forza nascosta
i ventri bassi sgualciti delle nuvole //
continuano a passare, sussurri si muovono
Intorno a te nel tuo gruppo, la guida sembra ipnotizzata
Forse è innamorata di questo Dio pagano? //
E forse siamo tutti paralizzati
In qualche modo, fermi in qualche altra epoca //
Trascinato nel lungo passato ...

# A bust in the Uffizi Gallery.

By the window, in waning light
This sculptured bust offers its anguished face to you
Light slips down the curved profile
As if to suddenly highlight
An eternal moment of realization
You and the others, sigh, and strangely -- a glow
Comes, one continuous mellow shine ...
In minutes of imagined intimacy, can you see
Those marble lips opened //
on a word uttered, a long time ago ...

The late afternoon light shrouds the tousled head
With a passing shade of crimson, //
the Arno river below
Seems to have stopped -- dull green flows to brown, //
under the stoic bridge
A shadow of a floating arch is waiting for an answer, //
you blink and it all begins again --

As if prompted by an unseen force
clouds' low slung rumpled bellies //
continue to pass, whispers move
Around you in the tour group, the tour guide seems hypnotized --
Could she be in love with this Pagan god? //
And are we all frozen
Standing somehow in some other moment of time, //
swept back to so long ago

## *LUKE WHITINGTON, ITALY UNVEILED*

Quando una volta parlava questo Dio
Di un tradimento mortificante
Come fu ingannato a morte
E l'artista, con una lacrima gonfia
Ha scalpellato la sua ultima espressione //
in questo marmo mortale?

*A JOURNEY IN POETRY*

When this god once spoke
Of mortifying betrayal
How he was tricked into dying
And the artist, with a tear swelling
Chipped his last expression //
into mortal marble?

LUKE WHITINGTON, ITALY UNVEILED

## Sarina a Santo Stefano.

Nei pressi del ponte antico
Sotto l'architettura celestiale
Della cattedrale, strati raccolti
Di archi e colonne di serena pietra blu

Astuzia ben regolata in picchiata
E ascesa, per quanto è possibile in
Ornamentazione pesante -- lanciata
Da mani di creatore mortale

La stregoneria di Brunelleschi
Ricamata attraverso tutto –
Aspettiamo, attendiamo
Che tu emerga

Con la tua veste lunga di merletto nero
Non ha ali attaccate quest'angela, non ancora --
Il coro ti scorre attorno e si sistema
E finalmente la bacchetta cade

E voci vengono, ascendendo in flauti di venti
Di venti leggeri e diavoleschi come rondini
Che salgono a spirale in colonne sorprese ed archi ...
Di fuor' spiegazione bellezza, pensavo

Chiudendo i miei occhi alla folla ondeggiando --
Che bei venti deliziosi odo?
O sono in qualche sogno di un dio, lasciato fluire
Come un mantello dorato nel nostro mondo grigio smorzato

## Sarina at Santo Stefano.

Not far from the old bridge
Under the celestial architecture
Of the cathedral, assembled tiers
Arches and columns of serene blue stone

Orderly artifice swooping
And rising as much as heavy
Ornamentation is able to do -- launched
From a mortal creator's hand -

The wizardry of Brunelleschi
Seamed through all of this -
We wait in attendance
For you to come out

Wearing your long black lace gown
No wings attached to this angel yet -
The chorus flows round you and settles
And the baton finally falls

And voices come rising in flutes of wind
Winds as light and devilish as swallows
Spiralling higher into the surprised columns and arches...
Unexplainably lovely, I thought

Closing my eyes to the tumult swaying -
What beautiful winds do I hear?
Or is this a dream of a god, let flow
Like a gilded cloak into our muffled grey world

## *LUKE WHITINGTON, ITALY UNVEILED*

O è solo una porta che cade aperta nel cielo
E le voci d'angeli in colloquio
Galleggiando in scintillii argentei che, per un attimo
Illuminano un mondo tetro?

Una visione, una nota, per vedere per udire in secondi infiniti
E ti posso immaginare, dopo
Mentre cammino nella mezzanotte delle strade
Di Firenze, sotto ogni cono di luce di lampada

Torni, il tuo corpo come un cencio, una sciarpa -- un velo
E canti, tremolio fra altre figure che ondeggiano
Come se fossi sull'orlo di essere spazzato via nell'ondata di note
Le tue gambe e i piedi trascinandosi addietro, //
la testa e i capelli fiammeggianti
Che seguono le rondini nei loro percorsi curvi.

## *A JOURNEY IN POETRY*

Or is it just a door in heaven falling open
And the voices of angels in conversation
Floating in silvery glints to momentarily
Light up a lower world?

A vision, a sound, to see and hear in timeless seconds
And I can imagine you hours after
As I am walking through the midnight streets
Of Florence, under each pool of lamplight

You return; your body like a rag, a scarf -- a veil
As you sing, wavering amongst other swaying figures
As if just about to lift and blow away in the surges of sound
Your legs and feet trailing after, //
head and shining hair
Following the swallows in their arching paths.

# La Carbonara.

Rita, la mia perugina
La mia bella fidanzata

Mi ha insegnato come fare
la sua versione della Carbonara.

Uova crude sbattute
Con pancetta croccante
E quel vivido-giallo del burro squagliato

Parmigiano, sale e pepe
Saltati, tirati in fili scivolosi dorati
Alzati e lasciati cadere con le sue mani nude

Le nostre dita
Timide, si sono incontrate
Nude fra le spire di spaghetti
Le nostre bocche

E labbra
Hanno cospirato
E aggiunto baci
Alla miscela.

# La Carbonara.

Rita, my Perugina
My fidanzata bella

Taught me how to make
Her version of the Carbonara.

Raw beaten eggs
With crisp pancetta
Melted buttercup-yellow butter

Parmesan and salt and pepper
Tossed, teased into slippery golden strands
Lifted and dropped with her bare hands.

Our tentative
Fingers met
Naked amongst the coils of spaghetti
Our mouths

And lips
Conspired
And added kisses
To mix in with it.

## Antonio alla finestra.

Credevi negli Dei
Ma Dioniso non ti ha visto
Accasciato alla finestra
Che guardavi

La processione di mezzanotte --

Umano, abbattuto e sviscerato
Ti metti la tua maschera
Di invincibilità, immortale di nuovo
Hai fatto cenno dalla finestra

Come un Dio-Imperatore eretto
Farebbe per i suoi seguaci
Che non hanno pensato di guardare in sù
Sferragliano avanti verso l'alba dell'oriente
Già in lutto per le loro perdite.

# Antony at the window.

You believed in the gods
But Dionysus had not noticed
You slumped at the window
You watched

The midnight procession –

Human and hollow gutted
You put on your mask
Of invincibility, immortal again
You waved from the window

As an erect Emperor-God
Would do to his followers
Who did not think to look up
Clanking onwards to the dawn in the east
Already mourning their losses.

# Chiaroscuro.

Sarebbe il nome di qualche malattia?
Di cui nessuno sceglie di parlare
Siete tutti radunati al mio capezzale
E nessuno capisce il punto.

Preferisco ombre allungate e contorte
A quello che è successo alla mia faccia
Combatto per mantenere calme le due metà
Una cupa, ironica, l'altra innocente nella candida luce.

Afferro le mie guance lottanti
La storia dell'arte
Veramente si può inculare da sola
Non voglio che niente più accada

Nei miei riguardi – non accennarmi neanche
Né gloria né redenzione, né caduta, né salita
Niente di spettacolare, solo ridammi la mia faccia integra
La mia calma, la mia prospettiva, il mio angolo

E ti prego – entrambi gli occhi identici.
Riprendi il tuo pennello e la tavolozza, Caravaggio
Sarà uno o l'altro: chiaro o scuro
Sono stanco di fare il gioco di destrezza con entrambi

Dammi una sfumatura, un colore tranquillo
Non metà di questo
E metà di quello
Questa farsa, questo sussulto di uno e l'altro

Questo schizofrenico duellare come in un dramma!

# Chiaroscuro.

Is this the name for a condition?
The one no one chooses to talk about
You're all sitting around my bedside
And no one is getting the point.

I prefer twisted, elongated shadows
To what has happened to my face
I am fighting to calm two halves
One dark, ironic, the other of innocence in clear light.

I clutch my warring cheeks
The history of art
Can truly bugger itself
I want nothing more to take place

In my regard -- don't even mention me
No glory or redemption, no fall, no rise
Nothing spectacular, just give my one face back
My calm, my perspective, my angle

Please - and both eyes identical.
Get back to your brush and palette, Caravaggio
And it's either going to be light or dark
I am tired of juggling both

Give me one shade, one restful colour
Not this half of that one
And half of the other one
This farce, this flinch of one or the other

This schizophrenic, duelling as drama!

## Albicocche e kumquat.

Per giorni ti guardavo mentre camminavi
Per il mercato
Gli strilli e le ali dei che gabbiani si alzano //
e volano sopra e intorno a te –
Quanto quei sandali nudi sui tuoi piedi, mi stupefacevano

E i capelli spettinati ma che cadevano con tanta cura
E l'eloquenza casuale quando parlavi –
E poi hai allungato una mano per prendere un frutto; un'albicocca
Era sempre la tua prima scelta,//
e il tuo tema preferito -- così pareva –

Una gonna arancione striminzita
Gambe abbronzate, svincolate dal cotone svolazzante –
In traverse autunnali di raggi di sole
I tuoi capelli arricciati con la sua luce, //
Granelli liberi come foglie galleggianti

Rossi e rossi bruni spiegandosi //
contro le mura di maree verdeggianti
Fili volanti nella brezza attraverso il muro travertino della marea –
Eri alta fra le donne vecchie con le teste sciarpate
Attraverso gli ombrelloni verdi sbiancati dal sole ...

La ricorrenza degli echi del mare sbattendo contro il travertino
Sembrava una sottocorrente del tuo passaggio
Per le bancarelle e i carrelli nella piazza ventosa
Acqua verde incombente e vertiginosa, //
Che si abbatte contro i tuoi discorsi

# Apricots and cumquats.

For days I watched you walking
Through the marketplace
Gulls cries rising above //
and wings gliding around you --
How those naked sandals on your feet, amazed

And hair unkempt but carefully tumbling so
It tossed articulation when you spoke --
And then you reached and picked up fruit; an apricot
Always was your first choice, //
and your preferred theme it seemed --

A skimpy orange dress
Suntanned legs unhindered by the floating cotton --
In autumnal slants of sunshine
Your hair curling with its light, //
flecks as free as floating leaves

Unfolding reds and russets //
against the walls of tidal green swells
Breeze-blown threads across the travertine tidal wall --
You were tall amongst the older women's scarfed heads
Through the sun-bleached green umbrellas ...

The recurrence of the sea's echoes heaving against travertine
Seemed an undercurrent to your course
Through stalls and barrows in the windy square
Giddy green water looming, //
crashing against your conversations

## LUKE WHITINGTON, ITALY UNVEILED

Fatti di solito attraverso mani a coppa ...
Presto ho imparato a seguire, un po' attento
A non avvicinarmi troppo, comprando albicocche e kumquat
E poi per buon misura, //
arance e mandarini; e sembrando

Girare lì per nessun'altra ragione - innocente o complice
Furtivo o raffinato – ridicolosamente vagavo dietro di te –
Fin quando, parecchi giorni dopo, il cielo è cambiato
Esponendosi in strisce più fredde di grigio e giallo

E tu non sei venuta più
E avevo il mercato
Per me stesso per tre o quattro giorni –
E poi per settimane...

Le mie scodelle e piatti ovali
Messi sui davanzali –
Sono diventati composizioni di una natura morta – //
E riportavano alla piazza invernale
La tua assenza, sistemata in mandarini e kumquat

Arance ... E il silenzio fulvo d'albicocca.

## *A JOURNEY IN POETRY*

Made often through cupped hands ...
Soon I learnt to follow, a little careful
Not to get too close, buying apricots and cumquats
And then for good measure, //
oranges and mandarins; appearing to be

Circling there for no other reason - innocent or complicit
Furtive or urbane - ridiculously I strayed along behind you -
Until several days later when the sky had changed
Displayed in colder streaks of greys and yellows

And you did not come again
And I had the market
To myself for three or four or more days --
And then for weeks afterwards ...

My bowls and oval plates
Placed on the window ledges --
Became still lives arrangements -- //
depicting to a wintry square
Your absence, arranged in mandarins, cumquats

Oranges ... And the tawny silence of apricots.

LUKE WHITINGTON, ITALY UNVEILED

# La luna, la torre e il manoscritto.

[Con un saluto a Giovanni Acuto - Sir John Hawkwood]

La luna sonda sopra la neve che copre Monte Acuto
Giù per le file di pini di montagna, luce dorata
Getta scintillii sulla bianchezza; //
riempiendo una traccia di orme lasciata indietro.

Mi ricordo quella finestra scenica dalla torre di John Hawkwood
come un lento negativo di 35 millimetri --
Una missiva non sviluppata da una scena vagamente abbozzata – //
e un oblò

Che punta indietro a me stesso, alla mia persona, //
strascicando sotto gli alberi; non perché
io fossi del tutto povero, e né perché questa montagna //
nel paesaggio umbro
Non fosse mia per niente – il mio punto di vista //
era formato perché ero un fuggitivo

Da guai di famiglia lasciati lontano –Io ero un straniero, lo straniero--
Ero fuori luogo in quella luce, //
Che si muoveva come un più scuro, sconosciuto dialetto
Fra la lingua silvestre degli alberi –
Dante fu lì, non come mia guida.

[Ma nascondendosi da qualche parte nella storia.]

*A JOURNEY IN POETRY*

# The moon, the tower and the manuscript.

[A salute to Giovanni Acuto - Sir John Hawkwood.]

The moon probes over snow-covered Monte Acuto
Down through ranks of mountain pines, golden light
Casts sparkles over the whiteness; //
filling a trace of footprints left behind.

I remember that window of scenery from John Hawkwood's tower
like a lingering 35 millimetre negative --
Undeveloped missive from a vaguely sketched scene - //
and a porthole

Pointing back to myself, my persona, //
shuffling under the trees; not because
I was deadly poor, or because this mountain //
in Umbrian countryside
Was not mine at all - my perspective //
was formed because I was a fugitive

From family troubles left far behind - I was a stranger, *lo straniero* -
Out of place in that light, //
moving like a darker, unknown dialect
Amongst the moonlit language of the trees --
Dante was there, not as my guide.

[But somewhere in history hiding.]

## LUKE WHITINGTON, ITALY UNVEILED

Mi ricordo di nuovo mentre le onde del Pacifico //
rimbombavano oblique
Attraverso queste memorie, e
Da qui tutto è ancora bello; le cime gemelle
dall'altro lato della valle ritornano proprio come seni ben formati
Sciocco pensarci, ma sì, reale; //
vero abbastanza per una realtà interna
Come parte della compagnia nutritiva della natura //
negli anni che ho passato lì
in un esilio auto-imposto, passeggiando di sera
Sui sentieri dei pastori //
inanellati attorno colline ventose e frastagliate --
Arrampicandomi sopra architravi crollate, disordinate
Blocchi di pietra, per esplorare quei villaggi

Abbandonati quanto ero io allora ... per restare in piedi meravigliato
In stanze aperte con finestre infrante.

Le cose che ho scritto non erano tutte pessime; //
Una parte di me stesso era
Da qualche parte lì, nuotava vicina a quei momenti lunghi
Di quei paragrafi, bilanciando un appoggio in uno spazio di mezzo

Dove Dante, nascosto, forse visse o parlò – ma troppo giovane
O troppo consapevole per sentire o notare per bene, ho deciso
Una notte – e sono andato dritto ai pini e lì nel bagliore dolce

## *A JOURNEY IN POETRY*

I remember again as Pacific waves //
boom diagonals
Across these memories, and
From here everything is still pretty; the twinned peaks
Across the valley return just like perfectly formed breasts
Silly to think so, yes, but real; //
true enough to an inner reality
As part of nature's nurturing company //
for the years I spent there
in self-imposed exile; walking late afternoons
Along shepherds' paths //
looped round the wind-blown, ragged hills --
Clambering in over fallen architraves, haphazard
Blocks of stone, to explore those villages

Abandoned as much as I was then...to stand amazed
In gaping rooms of broken windows.

The things I wrote were not all bad; //
part of myself was
Somewhere there swimming along with the long moments
Of those paragraphs, balancing a footing in an inbetween place

Where Dante, hidden, may have lived or spoken - but too young
Or over-mindful to hear or take proper note, I decided
One night -- and went straight to the pines and there in the soft glow

## LUKE WHITINGTON, ITALY UNVEILED

Della luna ho sotterrato il mio manoscritto completo
Sotto la neve innocente. La terra resisteva
Dura e fredda. La spada, //
più e più volte suonava echi; oggi
Sono sicuro che è ancora lì; //
una lastra di pagine coperta con strati di plastica
Abbastanza forti, immaginavo, //
per durare anni senza cambiare – o forse

La plastica e le pagine sono //
già scomposte e diventate tracce inutili;
Un gocciolio rimasto della presenza di uno straniero //
quasi un milione di parole
In scorrevole cellulosa, che dicono sono qui, //
Qui è perduto, ma non da solo –

Con la mia penna e carta, i miei amici costanti di compagnia --
Ho visto e descritto al meglio
Che potevo e non ho cercato di spiegare o possedere.
Il manoscritto, al suo meglio,

## *A JOURNEY IN POETRY*

Of moonlight I buried my finished manuscript
Under the blameless snow. The earth resisted
Hard and cold. The spade, //
made over and over crisp ringing echoes; today
I am sure it is still under there; //
a slab of pages tucked into layers of plastic
Strong enough, I imagined, //
to last for years like that -- or perhaps

The plastic and pages have //
broken down already into useless traces;
A trickle left of a stranger's presence, //
almost one million words
In flowing cellulose, saying I am here, //
here and lost, but not alone -

With my pen and paper, my constant friends for company -
And I saw and described as best
I could and did not try to explain or own.
The manuscript at its best

## LUKE WHITINGTON, ITALY UNVEILED

Era la storia d'un alloggio effimero, e poi
L'impronta sotterrata di un lungo addio
Graffiato profondamente fra gli alberi ...
Nella luce desolata della luna ho lasciato ogni memoria
Che era scritta lì; limpida, qualcuna forse eloquente; //
ma non sono più tornato
Per trovarle o scriverle un'altra volta – //
No, niente più domande
E niente più risposte; tutta quella vita //
consegnata alla richiesta debole di una luna umbra.[3]

---

[3] Monte Acuto, vicino a Perugia ha goduto varie presenze fuggitive nel tempo, inclusi monaci ribelli; l'esiliato poeta Dante; e, il soldato inglese mercenario Sir John Hawkwood, conosciuto come Giovanni Acuto, un soldato mercenario che ha costruito torri di guardia per tutto il passaggio umbro.

## *A JOURNEY IN POETRY*

Was the story of an ephemeral home, and then
The buried footprint of a long farewell
Scratched down deep amongst the trees ...
In stark moonlight I left behind whatever memories
Were penned there; clear, some possibly eloquent; //
but I did not come back
To find them or to write down any more again - //
no, no more questions
And no more replies; all that life, //
consigned to the faint enquiry of an Umbrian moon.[4]

---

[4] Monte Acuto, not far from Perugia has enjoyed several fugitive presences over time, including rebel monks; the exiled poet Dante; and, the mercenary english soldier, Sir John Hawkwood; known as Giovanni Acuto, a mercenary soldier who built watch towers all over the Umbrian landscape.

## Domenica, Casciana Terme.

Cominciano le campane
All'improvviso, molestano
L'aria, belle e simmetriche
Annegano il silenzio
E i pensieri più intimi

Petali di silenzio, presenza mentale e di sostanza,
Sparpagliati; come confetti buttati all'aria
In raffiche, parole mezze formate disperse
Pensieri superati, immersi – la mancanza di parole
Diventa un sorriso, una scrollata impotente di spalle

Le campane vanno avanti, un ritmo continuo
Strati di salti su salti di scampanio
Come se fossero incantate, una stravaganza di attacco
Che sconfigge tutte le enclavi rimpicciolite del silenzio –
Tentativi di definizione polverizzati, un ruggito melodico
Poi si ferma totalmente, una pausa brusca, //
un grande rantolo di silenzio

Una ferita, inaspettatamente aperta nel tempo?
Una quiete rimbombante, un silenzio avvolgente?
C'è qualcuno, fuori dalla vista, che sta udendo?

Echi borseggiano nella mente
Echi risuonano nei tuoi sensi
Silenzi di parole dette e taciute
Come il lamento lento, gorgheggiato e poi troncato di un violoncello
Il signore, o, era un dio vagante – chi ha parlato?

A JOURNEY IN POETRY

# Sunday, Casciana Terme.

The bells begin
Abruptly, harassing
The air, beautifully, symmetrically
Drowning out the silence
And innermost thoughts

Petals of silence, presence of mind and matter
Scatter; like confetti thrown upward
In gusts, half formed words disperse
Thoughts overcome, immersed -speechlessness
Becomes a smile, a shrugged helplessness

The bells go on, a rhythmic continuing
Layers of leaps upon leaps of pealing
As if enraptured, an extravagance of attack
Overwhelming all shrunken enclaves of silence --
Attempts at definition pulverized, a melodic roaring
Then stopped utterly, in a sudden pause, //
a great gasp of silence

A wound, abruptly opened in time?
A resounding stillness, an enveloping quietness?
Is someone, unseen, listening?

Echoes jostling in the mind
Echoes reverberating in your senses
Silences of words spoken and unspoken
Like the slow, warbled, then truncated groan of a cello
The lord, or, was it a wandering god -- whom had spoken?

## A Roma di nuovo.

Il tramonto non ancora finito
Sopra il Trastevere, riempie
I vicoli arcuati dell'antica Roma

Un reame di cielo a strisce cremisi in alto
Tetti di terracotta
Un concerto strettamente allineato di tegole incandescenti

Il crepuscolo diventa un soprano
di morente, guizzante luce, rovente
Alti tizzoni volano lentamente

Sopra vite normali e ordinate
Flottili, squadroni, di cumuli infiammati
In preda a regni lontani nel cielo occidentale

Per un'ora terrestre di segreti roventi alla deriva.

Il villaggio, il ghetto in una città ora
Si compone, le vie svuotate
Di voci o passi echeggianti –

Famiglie romane vivaci
Zittite all'improvviso come bambini rumorosi
Comprate, ridotte al silenzio
Da bocconi di pasta e vino

# Back in Rome.

Sunset still ending
Above Trastevere, filling
The arched alleyways of ancient Rome

A realm of crimson-streaked sky high over
Terracotta rooftops
A strictly aligned concerto of glowing tiles

Dusk becoming a soprano
Of dying, flickering light, blazing
High embers gliding slowly

Above normal, orderly lives
Flotillas, squadrons, of inflamed cumulus nimbus
Pursue far kingdoms of westward sky

For one earthbound hour of drifting, blazing secrets.

The village, the ghetto within a city, now
Composes itself, streets emptied
Of voices and echoing footsteps --

Boisterous roman families
Hushed suddenly like noisy children
Bribed, silenced by
Mouthfuls of pasta and wine

## LUKE WHITINGTON, ITALY UNVEILED

Infine le voci si riprendono
I bicchieri e le risate in tintinnio
Le posate chiacchierano insieme con la porcellana

E i lampioni nelle vie brillano sotto le finestre
Quasi tutte le persiane già chiuse.
Ma le statue degli imperatori

Dei e santi
Vecchie migliaia di anni
Piangono lacrime incrostate
Di un eterno non morente

E le cupole in dormiveglia
Sotto una storia antica di luce di stelle
Sopra le piazze che sembrano cambiare
Spiegando pietre ovali come pagnotte
Che sembrano muoversi
infinitamente lentamente
Nella sbiadita pergamena di luce e tempo

Dove il silenzio canta una serenata solamente
Alla luna prima donna appena alzata
E le fontane continuano
Oltre il tempo, oltre qualsiasi resa
Stanche dell'acqua
Così stanche dell'acqua

Oltre il silenzio
Oltre il silenzio
Oltre qualsiasi resa
Stanche, così stanche dell'acqua
Così affaticate dal tempo.

## *A JOURNEY IN POETRY*

Eventually voices revive
The glasses and laughter tinkle
The cutlery chatters together with porcelain

And street lamps glow below windows
Already shuttered or being closed
But the statues of emperors

Gods and saints
Thousands of years old
Weep encrusted tears
Of the forever undying

And domes doze
Under an ancient history of starlight
Over piazzas that appear to shift
Spreading oval, loaf shaped stones
That seem to move
Infinitesimally slowly
In a fading parchment of light and time

Where silence serenades only
To the rising, prima-donna moon
And the fountains continue
Beyond time, beyond surrender
Weary of water
So weary of water

Beyond silence
Beyond silence
Beyond surrender
Weary, so weary of water
So wearied of time.

## Il bar sul Lungarno.

Nei suoi occhi verdi
La tenerezza di foglie
Traboccanti di luce
In un pomeriggio caldo, qui
Sotto gli alberi – una cascata di silenzio.

Una quiete in attesa agitata dalla brezza.
Getto pensieri
Sulle tavole, verso il suo sguardo
Nella sua modestia e grazia
La luce sul fiume è straziante

Mantenuta in sospeso
Le finestre dei palazzi segnalano, riflettono
Echi della storia fiorentina
Un bagliore galleggia sull'acqua, una nota pura di luce.
Il Rinascimento sussurra
Con l'ondulazione di questo fiume e le ondate del tempo.

Pagine di memorie guizzano per un poco
Ma malgrado ogni speranza
E la memoria di giorni migliori
Tante cose non sono più le stesse
Sai che non ci sarà alcuno scambio di parole –
Ella si alza e con un cenno del capo e un accenno di saluto

# The bar on the Lungarno.

In her green eyes
The tenderness of leaves
Brimming with light
On a hot afternoon, here
Under the trees—a waterfall of silence

A waiting stillness disturbed by a breeze.
I plunge thoughts across
The tables, toward her gaze
Into her modesty and grace
The light on the river is heartbreaking

Held in abeyance
The palace windows signal, reflecting
Echoes back from Florentine history
A glow above water floats, a pure note of light.
The Renaissance is whispering
With the ripples of this river and surges of time.

Pages of memory flicker for a while
But despite all hopes
And memory of better days
Many things are no longer the same
You know there will be no exchange of words -
She gets up and with a nod and hint of a wave

## LUKE WHITINGTON, ITALY UNVEILED

Si scusa via dal mio sguardo
E se ne va
Sotto i tigli
Fin quando un velo di luce di sole all'improvviso
La ingoia – Mi siedo con il mio bicchiere
Di Chianti rosso e guardo l'acqua

Il suo bisogno semplice, il suo impulso di fluire
Scorrendo sotto i ponti
Innocente e giocosa balugina gioiosamente –
Mantengo gli attimi passati
E un perverso piacere della sua dipartita

Un'opportunità di accarezzare, //
toccare un attimo prolungato di amore
Pensieri oziosi della sua nudità
Seguono il suo vestito di cotone bianco
Pieno e gonfio di sole, ma sono libero ora
Amico ora dell'irrequietezza delle foglie alla deriva.

Il mio palato gusta
La terra ricca e scura in questo vino
Un sorso e una boccata di pensieri
Un lento bagliore puro di tempo
Che sfiora il flusso
E l'increspatura lucente della mente.

## *A JOURNEY IN POETRY*

Excuses herself from my gaze
And walks away
Under the linden trees
Until a veil of sudden sunlight
Swallows her up -I sit with my glass
Of Chianti vino rosso and watch the water

Its simple need, compulsion to go on flowing
Coursing under the bridges
Innocent and jocular it joyously glimmers --
I nurse the moments passed
And a perverse pleasure in her departure

A chance to caress, //
touch a lingering moment for love
Idle thoughts of her nakedness
Follow behind her sun filled, billowing
White cotton dress, but I am free now
Fellow now with the restlessness of drifting leaves.

My palate relishes
The rich dark earth in this wine
A sip and a draught of thoughts
A slow pure gleam of time
Skimming over the flow
And shining ripples of the mind.

## Roma - un campo di fiori.

[i.m. Giordano Bruno]

L'interrogatorio e il dolore
Gli avevano insegnato il silenzio
La sua anima in cerca di un altro luogo
Era diventata antica
Come un albero eterno, sacro.

Nani nel vaticano
Temevano la sua eloquenza
Le sue parole potrebbero infiammare il pubblico –
Hanno fatto fare una maschera di ferro per la sua faccia
Poi hanno acceso il fuoco sotto i suoi penzolanti piedi.

È morto senza un mormorio
Con il silenzio ardente di un albero sacro
Pensieri contorti confermavano
I suoi pensieri; l'anima di Dio è in tutti
Noi – in un mondo dove giravamo

Come parte dell'universo; ogni creatura umana
Ha ricevuto questo dono e nessuno poteva toglierlo
O darlo a un altro; la gente del mercato
È venuta e ha preso alcuni dei suoi resti, tizzoni
Per i loro fuochi di casa, un pasto, un'offerta è cresciuta

*A JOURNEY IN POETRY*

# Rome - the field of flowers.

[i.m. Giordano Bruno.]

Interrogation and pain
Had taught him silence
His soul searching for another place
Had become ancient
Like an eternal, sacred tree.

Dwarfs in the Vatican
Feared his eloquence
His words might ignite a crowd --
They had an iron mask made to fit his face
Then lit the fire under his dangling feet.

He died without a murmur
With the ardent silence of a sacred tree
Writhing thoughts confirmed
His thoughts; the soul of god is in all
Of us - in a world where we turned

As part of a universe; each human creature
Received this gift and no one could take
It or give it away; the folk in the marketplace
Came and took some of his remains, embers
For their cooking fires, a meal, an offering grew

## LUKE WHITINGTON, ITALY UNVEILED

Dalle ceneri di un eretico – oggi sta lì in piedi
Sul suo piedistallo, partito per incontrare il suo angelo
Faccia velata, mani strette, ombreggiando
I discendenti dei primi che hanno rivendicato le sue ceneri;
Il santo del popolo, il peccatore del vaticano --
La statua cova verso il duomo di San Pietro.

È da tempo che quei tizzoni sono diventati freddi
Ma la memoria no; i tizzoni un simbolo –
Un segno passato per i secoli
E la chiesa ancora fa fatica
Senza maschera, senza mani legate
A trovare le parole giuste, per confessare.

## *A JOURNEY IN POETRY*

Out of a heretic's ashes -- today he stands
On his pedestal, gone to meet his angel
Face shrouded, hands clasped, shadowing
Descendants of the first to claim his ashes;
The peoples' saint, the Vatican's sinner -
The statue broods toward the dome of saint peter.

Those embers have long grown cold
But memory has not; the embers a symbol --
A token passed down the centuries
And the church still struggles
Without a mask, without bound hands
To find the right words, to confess.

## Santa Maria in Trastevere.

Nell'interno oscuro e bizantino
Parole di vite sono mormorate attraverso i miei piedi
Torrenti di preghiere tingono le mie guance
So che il duomo luccicante di sole si curva sopra --
Ciò che è sconosciuto si allunga eternamente,
Alto a un'altezza più sconosciuta –

Le fiamme delle candele guizzano su e giù
In punta di piedi, svolazzanti attraverso l'inconscio
La salmodia fluisce, in vapori ricchi che si alzano
Riempiendo l'arco a palma d'ombrello -

Nuvole di parole lentamente si aggruppano lì
Un santo che una volta portava un cappuccio
Ora un'aura dorata; //
Posata sulle teste dei pochi prescelti --
Ora l'ultimo maestro al suo tavolo finale
Si pulisce la bocca pura da ospiti peccatori, e da tutti noi
Con il dorso gonfio della sua pelosa ma clemente mano.

Il Rococò aiuta a farlo funzionare
Cucendo la luce con l'oro
Scivolante ai margini di tutto.
La lanugine scende come brandelli di cotone dorato

Respiri soprannaturali; con facilità entrano dentro ed escono fuori
A strisce oblique lunghe di luce dolce –
Quasi profetiche, indorano teste senza corone
E salvano la vita di fedeli costanti.

*A JOURNEY IN POETRY*

# Santa Maria in Trastevere.

In the dim Byzantine interior
Lives' utterings murmur past and through my feet
Torrents of prayer tinge my cheeks
I know the sun-spangled dome curves above --
The unknown reaching forever,
high over to higher unknown ---

Candle flames flicker high and low
Tip toe, fluttering across the subconscious
Chanting flows, in rich vapours upward
Filling the umbrella palm of the arch--

Clouds of words slowly clustering there
A saint once wearing a cappuccio
Now a golden aura; //
perched over the heads of the chosen few --
Now the last master of his final table
Wipes his mouth clean of sinful guests, of all of us
with the swollen back of his hairy but forgiving, hand.

Rococo helps to make it work
Stitching light with the gold
Slipping around edges of everything.
Lint descends like shreds of golden cotton

Supernatural breathing; easing in, easing out
Banded with long slants of gentle light --
Prophetic almost, gilding uncrowned heads
Saving the lives of enduring faithful.

*LUKE WHITINGTON, ITALY UNVEILED*

# Trattoria in Trastevere.

Nel viottolo cotto dal sole e ammorbidito dall'ombra
Stavi seduta al lato del tavolo vicino alla finestra
Le lampade della trattoria gettano
Oziosi ovali di luce gialla
Sul lino bianco del Papa --

Curve scintillanti, barlumi echeggianti in palloncini di vino.

Oggi hai visto la Cappella Sistina
Santi, mortali, cupidi, angeli, Dei severissimi
Così tanti modelli di artisti dolcemente sbiaditi, che girano sopra
Aspettando che il vescovo spenga la luce

E galleggi via dal peso di mito e leggenda
Ed esce e gioca con la gente comune, condividi
La loro porzione di pasta //
e pane fresco dal forno o nitida fetta di pizza
E in mani a coppa, piccoli santuari di vino bianco Frascati, //
i lumi di candela
Lampeggiano nelle piazze frangiate dal crepuscolo; //
Immagine di vita in movimento come affreschi

I santi con labbra rosa ed amanti aggrovigliati e frettolosi
Che dai muri degli affreschi vanno a passeggio, entrano
In un dipinto di cena a lume di candela, dove arrotoli
E alzi con la forchetta vittici arrotolati di ingegnosa infinità

# Trattoria in Trastevere.

In the sun-baked alley softened with shadow
You sit at the window-end of the table
The lamps in the trattoria throw
Lazing ovals of yellow light
Over the Pope's white linen --

Curves glinting, gleams echoing in balloons of wine.

Today you saw the Sistine chapel
Saints, mortals, cupids, angels, gravest gods
And so many artist's gently faded models, circling above
Waiting for the bishop to switch the lights off

To float away from the weight of myth and legend
And go out and play with the average folk, partake of
Their portion of pasta //
and oven fresh bread or slices of crisp pizza
And the cupped little shrines of white frascati wine, //
the candlelight
Flickering into the dusk-skirted piazzas; //
images of life moving as frescoes

The rose-lipped saints and hell-bent, entangled lovers
Strolling from walls of frescoes, into
A picture of eating by candlelight, where you twirl
And fork up tendrils of coiled, ingenious endlessness

## LUKE WHITINGTON, ITALY UNVEILED

Fili di antica invenzione culinaria – tagliatelle o spaghetti
La sensazione di succulenza che mai sta per finire ...
Una fornitura giornaliera, che scivola, slitta, trasformata in gioco
Quando arrotoli gli spaghetti intorno alla tua forchetta
E i fili entrano nella tua bocca
Fili di immagini e colori, la succulenza della vita italiana.

## *A JOURNEY IN POETRY*

Strands of ancient culinary inventions -- tagliatelle or spaghetti
The sense of succulence never about to end ...
A daily provider, slipping, sliding, transformed into a game
As you coil the spaghetti around your fork
And strands pass into your mouth
Threads of images and colours, the succulence of an Italian life.

*LUKE WHITINGTON, ITALY UNVEILED*

# Un romano ride cupamente.

Alziamo un pollice
Senza sapere un gran che
Una volta bastava per salvare il sangue di un gladiatore
Nel Roma antica – dove Trilussa scrisse

Il suo poema, ora trovato inciso sulla pietra
Nel mercato presso Trastevere
In riguardo all'asino
Che provava a rallegrare il suo compagno, il Signor Piggy
Dicendogli che sarebbero andati avanti per sempre insieme
Una volta resuscitati, mescolati nella mortadella.

I romani hanno ancora
Un umorismo cupo;
Nel vicolo vicino la piazza Trastevere
Chiamato così per un santo così incredibile che forse non è mai esistito
E che era nondimeno, ricordato come quello che era impazzito;
Il più Venerabile San Così Matto, patrono
della piazza, che era così matto, //
così pazzo da ballare nudo
Tremante di freddo, //
tremolante nel sole bruciante del mezzogiorno di agosto

Dove oggi troverai
Che c'è un cartello
Sopra la camera ardente;
"Benvenuti al futuro
Scopriamolo insieme
Nella nostra prossima destinata opportunità."

# A Roman, laughs darkly.

We raise the thumb
Without knowing very much
It was just enough to save a gladiator's lifeblood once.
In ancient Rome -where Trilussa wrote

His poem, now found engraved on stone
In the Trastevere market place
About the donkey
Trying, attempting to cheer his mate, Signor Piggy, up
Telling him they would go on, together, forever
Once resurrected, blended in the mortadella -

Romans still retain
A dark sense of humour;
In the alleyway near the Trastevere piazza
Named for a saint so incredible he may have not existed
Who despite this, was to be remembered as the crazy one;
The most Venerable San Così Matto, patron saint
Of a piazza, who was so pazzo, //
so insane, to dance naked
Convulsing with cold, //
shivering in the August midday blazing sun

Where today you will find
There is a sign
Over a funeral parlour;
"Welcome to the future
Let's discover it together
At our next destined opportunity"

# Firenze, tuoni sopra Cosimo.

Sopra la Piazza della Signoria il cielo autunnale
Lotta contro il chiaro e lo scuro
Merlati dalla muratura; le nuvole rotolano
Si radunano e galoppano, piumano e balzano

Le schiere di mura mantengono ferma in un assalto di angoli
La torre svettante verso il suo oblò geometrico nel volto celeste
E il Granduca Cosimo sorveglia le sue opzioni dal suo bronzeo
Cavallo di guerra, mentre la luce fugge dal cielo

Si sparpaglia attraverso il mare di pietra, come rondini svanenti.
La piazza vuota aspetta il diluvio inevitabile –
Abbastanza al sicuro sotto il mio ombrellone del bar
Con la tela ondulante nel vento, //
sorseggio il mio Chianti rosso sangue

Gusto colori più profondi per la mia lingua – assaporando i massacri
radunati – di amore, fiducia, fedeltà e santità –
Giuditta pronta nel suo angolo //
Con la sua spada sacra – pietrificata nel
Secondo del colpo fatale – il tiranno potente
Mezzo alzato dal suo letto, //
troppo debole per implorare perdono.

Le colombe piombano di nuovo per l'aria turbolenta
Ubriache dagli elementi, preparandosi
Per confronto e fusione girano e scartano
Accanto alle colonnate, le mura sporgenti
Della torre-fortezza, i tifosi trionfanti degli archi

*A JOURNEY IN POETRY*

# Firenze, thunder over Cosimo.

Over the Square of the Lords the autumn sky
Battles with light and dark
Serrated by stonework; the tumbling clouds
Muster and gallop, plume and prance

The ranks of walls hold steady in an assault of angles
The tower soaring toward its geometric porthole in the sky
And Grand Duke Cosimo surveys his options from his bronze
Warrior horse, as light fleeing the skies

Scatters across the sea of stones, like swallows vanishing.
The deserted square waits for the inevitable deluge -
Moderately safe under my café umbrella
With the wind rippling canvas, //
I sip my blood-red Chianti

Tasting deeper colours for my tongue -- savouring the assembled
Massacres -- of love, trust, loyalty and saintliness --
Judith poised in her corner //
with her sacred sword - frozen for
The second fatal stroke -- the mighty tyrant
Half risen from his bed, //
too weak to plead for her forgiveness.

The pigeons swoop again through the turbulent air
Intoxicated with the elements, preparing themselves
For clash and fusion they veer and swerve
Along beside the colonnades, the bulging walls
Of the fortress tower, the triumphant fans of the arches

## LUKE WHITINGTON, ITALY UNVEILED

E girano via, come frammenti di pietra fatiscenti
E mattoni torreggianti – //
Poi volano in un arco largo girano e piombano
Giù sulla loggia come per una bacchetta del direttore divino
Per poi fermarsi e appoggiarsi sulle spalle e sui capi delle vittime

Leggendari: Tiranni, Dei e mostri sanguinari
Sereni riguardo all'omicidio o al saccheggio o al macello
Scendono sul picco di un stupro, //
o sulla spada alzata in vendetta
O sulla criniera di un leone guardiano, svolazzando fra

Il meglio e il peggio, l'ostinato e il debole – //
Per attimi prima che si sistemassero
E si accalcassero, non diversamente da me, //
sotto il mio ombrellone cigolante.
E noi – io e i piccioni grigi e solenni, //
aspettiamo per la prima crepa repentina
I zigzag echeggianti di luce che passano //
giù nella fermezza, nel silenzio delle campane
E le nuvole che scendono per avviluppare //
e rivendicare il cavallo fermo, e il suo nobile cavaliere.

## *A JOURNEY IN POETRY*

And peel away, like fragments of disintegrating stone
And soaring brick -- //
then looping into a wide arc they turn and swoop
Down to the loggia as if to a heavenly conductor's baton -
To stall and perch on the shoulders and heads of legendary

Victims, tyrants, gods and bloody-minded monsters -
Unperturbed about murder or pillage or slaughter
They descend on the pinnacle of a rape, //
or on a raised avenging sword
Or on the mane of a guardian lion, fluttering amongst

The best and the worse, the wilful and the weak – //
for seconds before they settle
And huddle, not unlike myself, //
under my creaking umbrella.
And we --- the solemn grey pigeons and I, //
wait for the first sudden crack
The echoing zigzag of light down //
through the stillness, the soundlessness of bells
And the clouds descending to smother//
and claim the arrested horse, and its noble rider.

*LUKE WHITINGTON, ITALY UNVEILED*

# Che può far' la luce.

La luce non cambia nell'esilio
Del tuo essere; l'isola gira, un cammino dentro te stesso
Che in tempi strani devi frequentare
Sognando nella dormiveglia o nel sonno profondo

Quei luoghi stranieri che lasci
Vivo, vero, ad amici che ormai non torneranno più qui--
Luoghi dove sei stato e che nutri ancora
In una storia d'amore di decenni, quando i tuoi occhi

Incantati dalle meraviglie dei palazzi
E dai giorni pedinati di altri secoli
Cercando emozionato per vicoli antichi
L'essenza dell'arte del medioevo, restava
Una piuma sulla spalla, cieli

Di Imperi Etruschi ed arazzi
Del Rinascimento, bandiere
Di cieli blu e bianchi, araldiche,
Aperte davanti e dentro la tua mente.
Oggi, nel secondo ciclo della tua vita
I ponteggi nuvolosi di cieli meridionali

Ti invogliano ad esplorare, ora diversamente, scoppi
Di raggi dei tramonti, porpora più profondi, ocra
Da contemplare anziché il rosso sbiadito d'affresco
Bilanciando, i ciuffi briosi d'eucalipti ballanti

*A JOURNEY IN POETRY*

# What light can do.

Light does not change in the exile
Of your being; the island turning, journeying inside
You need to frequent at strange times
Dreaming awake or fast asleep ...

The foreign lands you leave
Alive, real, to friends who would never return to here --
Places you have been and still nurture
In a decades-long love affair, when your eyes

Delighted in marvels of architecture
And stalked days of other centuries
Searching excitedly through ancient streets
And the essence of medieval art rested
A feather on your shoulder, the skies

Of Etruscan empires and tapestries
Of the Renaissance; banners
Of blue and white skies, heraldic
Played out beside and inside your head.
Today in the second half of your life
The vaporous scaffolding of southern skies

Tempts you to explore, now differently, explosions
Of spokes of sunsets, deeper crimsons, ochres
To consider rather than fresco-faded reds ...
Balancing, the bouncing clumps of dancing eucalyptus

## LUKE WHITINGTON, ITALY UNVEILED

Invece di contemplare cipressi sobri,
quegl'alberi pellegrini, fermi come monaci
in ardenti mantelli verdeggianti
Sai che può far' la luce; ballando
Nell'alba d'una città toscana
Hai provato i brividi emozionati d'osservare la gente

Che si sveglia e comincia a spostarsi
per i viali ben percorsi di storia
Come protagonisti in un dipinto d'epoca antica;
Muovendoti sveglio in un'antichità oscura
Con campane che suonano,
Rintoccando in voci soavi risonanti
Mentre mantieni la tua -- con parole
Mezze-formate sottovoce

Fin quando hai imparato a pronunciare
quei vocaboli tondi e deliziosi
E hai catturato lo sguardo di una madonna fiorentina
che è divenuta il tuo rinascimento.
Oggi, quando ti prendi il tuo lungo cammino
per l'arco allungato della spiaggia
E miri, oltre, lontano,
Al frangente spumeggiante, dove promontori

Testa a testa, a colpetti l'uno con l'altro si perdono in piccoli galoppi

## A JOURNEY IN POETRY

Rather than contemplate the sombre cypresses
the pilgrim trees, paused like monks
in smouldering green cloaks.
You know what light can do; moving
With the dawn of a Tuscan city
You have felt the shivering thrill of watching people

Wake and start to move about
in streets of well-trodden history
Like protagonists of a depicted, earlier age;
Moving awake in brown antiquity
With the bells ringing, tolling
Layered melodious tongues
While you held yours -- a language
half-formed under your breath

Until you learnt to pronounce
those round, luscious vowels
And caught the eye of a Florentine madonna
who became your own renaissance.
Today, as you take your long walk
along the curving reach of sand
And look well beyond
The exuberance of surf, where headlands

Head to head, nudge one another in cantering endings

## LUKE WHITINGTON, ITALY UNVEILED

Verso le curve dell'oceano pacifico;
puoi ancora tirare quei frammenti
Di templi e scapricciare quelle torri toscane
Nella scadenza del tramonto meridionale
Il suo fuoco stende un arazzo di colline di vigne e torri
Sull'infinità delle onde lunghe del Pacifico
Fili distesi di luci scintillanti portate
Sotto le nuvole dei cieli di un mondo nuovo
Il blu e bianco di quelle madonne di porcellana

Fissate sopra le porte borchiate delle strade di Firenze
Che può far' la luce, e bene fa e ti servirà
Se hai occhio mescolato col mondo e vuoi mantenere
Due luoghi galleggianti nella tua vista
In un solo raggio dorato di luce tra due mondi ...

Nel pomeriggio, quasi sera, passeggi
Sotto dardi allungati d'un sole tardivo
La luna nuova si leva e viene il vento frusciante
Il crepuscolo si stende e la luce ammorba, galleggia, si disperde

Ma ancora i giorni dell'Italia e le sue strade clamorose
La sua lingua cantilenante, i suoi vecchi e giovani vivi
Facce, bandiere, campane, i saluti suonati
Echeggiano ancora, galleggiano ancora in queste onde meridionali //
Che si infrangono senza fine.

## *A JOURNEY IN POETRY*

Toward the curves of the pacific sea;
you can still haul those fragments
Of temples back and whim those Tuscan towers
To sink with your southern sunset
Its fire spreading a tapestry of hills of vineyards and towers
Over ongoing swells of Southern Pacific waves
Long trails of sparkling light drifting
Underneath a new world's clouds and skies
As blue and white as those porcelain madonnas

Fixed along streets above studded doors of Florence.
What light can do and does well and will serve you
If you have a world-jumbled eye and want to make
Two places float inside your vision
With a shaft of golden light between two worlds ...

This afternoon, about to be evening, you stroll
Along under lengthened spears of a laggard sun
The new moon rises and the rustling wind comes
Dusk spreads with daylight softening, floating and dispersing --

Yet days of Italy and her clamorous streets
Her sing-song language, her aged and young eager
Faces, her banners, her bells, her chimed farewells
Still echo, still float in these Southern waves, //
crashing endlessly.

# Sul poeta

Luke si dimette dal Ministero degli Affari Esteri nei suoi vent'anni e parte per un anno in Italia per studiare la lingua italiana all'Università di Perugia in Umbria. Quel singolo anno diventa un ventennio di restauri di edifici antichi in Umbria e in Toscana, lavorando con soci italiani per salvare il patrimonio edilizio; il più antico di questi edifici è il monastero di San Faustino presso Gubbio. Poi si sposta in Irlanda dove restaura il castello normanno Portlick sulle coste di Lough Ree vicino Glasson nella contea di Westmeath.

In questi anni scrive e pubblica poesie con la stampa irlandese a Dublino per il Centro Irlandese degli Studi sulla Poesia all'Università di Dublino. In Italia pubblica con Sigh Press a Firenze e legge le sue opere con la cantante lirica, Sarina Rausa, allo Studio Rominelli a Firenze. Tornato in Australia per amministrare la fattoria familiare, Luke pubblica due collezioni da più di duecento poesie con Ginniderra Press, Australia del Sud. Luke ha pubblicato alcune antologie a cura di Geoff Page, Mark Tredinnick e David Musgrave.

Le sue opere sono state pubblicate in riviste e giornali come Overland, Fairfax Media, Five Bells, Irish Centre for Poetry Studies, Contrapasso, Florentine, Quadrant, Henry Kendall Anthology, Crow Anthology, Australian Love Anthology, Canberra Anthology, il Canberra Times e riviste studentesche a Sydney e Canberra. Le sue prime opere sono conservate nella Biblioteca Statale Buffalo a New York e nella Collezione Jonathan Williams. I suoi poemi sono stati cantati a Firenze dal soprano Sarina Rausa e a Sydney alla Biblioteca Statale dal gruppo Pacific Opera, sotto la direzione di Mark Tredinnick.

# About the Poet

Luke Whitington resigned from the Dept of Foreign Affairs in his early twenties and left for Italy to undertake language studies there at the University of Perugia, Umbria. That year became 20 years of restoring old ruins in Umbria and Tuscany working with Italian partners to save heritage buildings; the oldest being the monastery of San Faustino near Gubbio. He then moved to Ireland where he restored the Norman castle Portlick on the shores of Lough Ree near Glasson in county Westmeath.

During these years he wrote and published poetry with Irish media in Dublin and the Irish Centre for Poetry Studies at Dublin University including anthologies edited by Patrick Healey. In Italy he published with the Sigh Press in Florence and did readings of his work with the Florence opera singer Sarina Rausa at the Rominelli Studios in Florence. On return to Australia to manage his family farm Luke published two collections of poetry of over two hundred poems with Ginninderra Press, SA. Luke has been published in several anthologies edited by Geoff Page, Mark Tredinnick and David Musgrave.

He has been published in journals such as Overland, the Fairfax Media, Five Bells, the Irish Centre for Poetry Studies, Contrappasso, the Florentine, Quadrant, the Henry Kendall Anthology, the Crow Anthology, the Australian Love Anthology, the Canberra Anthology, the Canberra Times and student journals in Sydney and Canberra. His early work is held in the Buffalo State Library in New York in the Jonathan Williams Collection. His poetry has been sung in Florence, Italy by the soprano Sarina Rausa and in Sydney at the State Library by the Pacific Opera Group, under the direction of Mark Tredinnick.

# Sul traduttore

Michelangelo o Michele Curtotti è uno scrittore e avvocato. Nel 2023 ha pubblicato una nuova traduzione di *Romeo e Giulietta* di Matteo Bandello (Aldila Press), la principale fonte italiana dell'opera di Shakespeare. La sua prima traduzione è stata *(Il Drago) The Dragon the Witch and the Daughters* di Luigi Capuana (Aldila Press, 2023, 2022), un incantevole racconto scritto da un maestro del *verismo* del novecento che tratta della trasformazione della vita di un anziano quando incontra due orfanelle. Ultimamente, Michele si è dedicato ad una cura e traduzione di *Cinzio Desdemona: la Storia che ispirò Otello* (2025) e altre novelle italiane che Shakespeare adattò per il palcoscenico. Nel 2022, Michele ha curato: *Dante Under the Southern Cross 2021: Australian Reflections for the 700th Anniversary of the Passing of Dante Alighieri* (Dante Alighieri Society Canberra, 2022). Nel 2020, Michele ha pubblicato *Ten Lives Declaring Human Rights: From Bartolomeo de Las Casas to Martin Luther King Jr.* (Aldila Press 2023, 2020), una serie di brevi biografie che raccontano la storia del diritto umano. Michele ha scritto più di 380 articoli, poemi e traduzioni (più di seicentomila di parole) sul suo sito intitolato *Beyond Foreignness (Oltre l'estraneità)* all'indirizzo https://beyondforeignness.org. Michele è nato in Italia ed è cresciuto in Australia. È sposato e ha tre figli. Parla inglese e italiano ed è un studente appassionato della lingua araba, che spera un giorno di padroneggiare.

# About the Translator

Michael Curtotti is a writer and practicing lawyer. In 2023 he published a new translation of Matteo Bandello's *Romeo and Juliet* (Aldila Press), the primary Italian source story for the Shakespeare play. His first translation was *(Il Drago) The Dragon the Witch and the Daughters* by Luigi Capuana (Aldila Press, 2023, 2022), a delightful tale of the transformation worked in the life of an old man by two orphans, written by a master of the nineteenth century *verismo* movement. He has recently edited and translated *Cinthio's Desdemona: The Story that Inspired Othello* (2025) and other Italian stories Shakespeare adapted to the stage. In 2022, Michael edited *Dante Under the Southern Cross 2021: Australian Reflections for the 700th Anniversary of the Passing of Dante Alighieri (Dante Alighieri Society Canberra, 2022)*. In 2020, Michael published *Ten Lives Declaring Human Rights: From Bartolomeo de Las Casas to Martin Luther King Jr.* (Aldila Press, 2023, 2020), a series of short biographies which tell the story of human rights. He has written over 380 articles (including poems and translations) and over 600,000 words on his writer's website titled *Beyond Foreignness* at https://beyondforeignness.org. Michael was born in Italy and grew up in Australia. He is married with three children. He speaks English and Italian and is an enthusiastic student of Arabic, a language he one day hopes to master.

# With thanks to

Ann McGarrell
Jonathan Williams
Mark Strand
Richard Hugo
Allan Gould
Mark O'Connor
Geoffrey Page
Mark Tredinnick
Kerrie Nelson
Theodore Ell
Ivan Head
Les Murray
and
Barry Spurr

And a special thanks to
Azzurra Cirrincione
for her invaluable proof reading
of the Italian translation of this work.